新版
保育士をめざす人の社会的養護Ⅱ

辰己　隆・岡本眞幸　編

みらい

『新版　保育士をめざす人の社会的養護Ⅱ』

執筆者紹介（五十音順）　○＝編者

○岡　本　眞　幸（おかもと　まさゆき）……………………………第2章
　横浜女子短期大学

　小　野　　　剛（おの　つよし）……………………………第9章
　元鶴見大学短期大学部

　合　田　　　誠（ごうだ　まこと）……………………………第3章
　四條畷学園短期大学

　櫻　井　奈津子（さくらい　なつこ）……………………………第4章
　元和泉短期大学

　塩　田　祥　子（しおた　しょうこ）……………………………第5章
　桃山学院大学

　調　　　龍　信（しらべ　たつのぶ）……………………………第8章
　元児童養護施設　慶徳会子供の家

　側　垣　順　子（そばがき　じゅんこ）……………………………第7章
　金城大学

○辰　己　　　隆（たつみ　たかし）……………………………第1章
　関西学院大学

　波田埜　英　治（はたの　えいじ）……………………………第6章
　聖和短期大学

事例提供
　新　崎　国　広（あらさき　くにひろ）……………第7章演習事例①
　大阪教育大学

イラスト　溝口ぎこう

は・じ・め・に

　今日、国民のライフサイクルは、昭和初期までの「早婚・多子・短命」から「晩婚・少子・長命」へと大きく変化し、それに伴う子どもたちを取り巻く環境は、さらなる「小家族化」や「都市化」によって、血縁・地縁の関係を希薄にし、子育ての質や量を弱体化させている。

　また、少産良育指向が過保護・過干渉を生み、高学歴志向が受験戦争を生じさせ、共働きによる母親や父親の不在が問題化している。

　これらのことから、子どもたちを家庭で養育・保護していく機能は脆弱化し、一般的な「家庭養育」だけでは困難な状況が生じ、家庭以外の国や社会で子どもを養育・保護する「社会的養護」のニーズが増加しつつある。また、そのニーズは複雑化しており、非行、不登校、貧困、虐待、障害など、多種多様の問題を子どもたちは抱えているのである。いうまでもなく、彼らを「社会的養護」していく要となっている児童福祉施設の保育士は、これらの問題や課題を背負った子どもたちと日常生活をともにしながら、その対応に追われているという現実があり、精神的・身体的な負担は大きい。

　本書は、「保育士をめざす人の社会的養護Ⅱ」というテーマで、子どもの養護と保育士、施設養護のプロセスの理解、保育士の基本的な養護支援、こころの支援、親子関係の支援、地域・学校との関係づくり・整備の支援、自己実現・自立への支援、児童福祉施設の運営管理、児童福祉施設における保育士の資質と倫理について演習事例を紹介しながら上記の課題について丁寧に説明している。

　なお、今回の改訂では、2016（平成28）年の児童福祉法改正、2017（同29）年の「新しい社会的養育ビジョン」、新しい保育士養成課程による科目名変更等に伴う対応をした。

　最後に、今回の出版にあたりまして、お忙しい中ご執筆いただいた各位、編集の実務を丁寧に担当していただいた荻原太志氏、三浦敬太氏に厚くお礼を申し上げる。

2019年12月

編　者

目　次

第2章　施設養護のプロセスの理解

第**3**章　保育士の基本的な社会的養護支援

第4章　こころの支援

第5章　親子関係の支援

第6章　地域・学校との関係づくり・整備の支援

第7章　自己実現・自立への支援

第 8 章　児童福祉施設の運営管理

第 9 章　児童福祉施設における保育士の資質と倫理

第**1**章

◆ ◆ ◆　子どもの養護と保育士　◆ ◆ ◆

キーポイント

　社会的養護、とりわけ施設養護は、保護からサービス利用、処遇から支援の概念に移行しつつあり、それに伴う保育士のあり方が問われている。

　つまり、児童福祉施設の支援者としての保育士とは、児童福祉施設を利用している子どもたちの日常生活の支援を通して、彼らのWell－being（自己実現）を支援する人であると考えるべき時代なのである。

　本章では、「社会的養護Ⅱ」の基本である子どもの養護における保育士の役割と、今日の養護問題、養護体系、児童福祉施設の現状と課題について考察していく。そして、新しい施設養護の理念として、特に「権利擁護」についての必要性と重要性を考え、それにつながる第三者評価事業について詳しくみていきたい。

1　今日の養護問題と保育士

1．養護問題における保育士の役割

　神戸の元小学校教諭、鹿島和夫が『１年１組せんせいあのね』[1]という子どもの作文集をまとめている。その中に、次のような作文がある。

　　　ぼくだけほっとかれたんや　　　　あおやまたかし

　がっこうからうちへかえったら　だれもおれへんねん
　あたらしいおとうちゃんも　ぼくのおかあちゃんもにいちゃんも
　それにあかちゃんも　みんなでていってしもたんや
　あかちゃんのおしめやら　おかあちゃんのふくやら
　うちのにもつがなんにもあれへん　ぼくだけほってひっこししてしもうたんや　ぼくだけほっとかれたんや

ばんにおばあちゃんかえってきた　おじいちゃんもかえってきた
　　　おかあちゃんが「たかしだけおいとく」
　　　とおばあちゃんにいうてでていったんやって
　　　おかあちゃんがふくしからでたおかね　みんなもっていってしもうた
　　　そやからぼくのきゅうしょくのおかね　はらわれんいうて
　　　おばあちゃんないとった　おじいちゃんもおこっとった

　　　あたらしいおとうちゃん　ぼくきらいやねん
　　　いっこもかわいがってくれへん　おにいちゃんだけケンタッキーへ
　　　つれていって　フライドチキンたべさせるねん
　　　ぼく　つれていってくれへん　ぼく　あかちゃんようあそんだったんやで
　　　だっこもしたった　おんぶもしたったんや
　　　ぼくのかおみたら　じっきにわらうねんで
　　　よみせでこうたカウンタックのおもちゃ　みせたらくれいうねん
　　　てにもたしたらくちにいれるねん　あかんいうてとりあげたら
　　　わぁーんいうてなくねんで

　　　きのうな　ひるごはんのひゃくえんもうたやつもって
　　　こうべデパートへあるいていったんや
　　　パンかわんと　こうてつジーグのもけいこうてん
　　　おなかすいたけどな　こんどあかちゃんかえってきたら
　　　おもちゃもたしたんねん　てにもってあるかしたろかおもとんねん
　　　はよかえってけぇへんかな　かえってきたらええのにな
　　　　　鹿島和夫編『１年１組せんせいあのね』理論社　1997年　pp.25〜30より引用

　　このたかし君のお父さん、お母さん、おにいちゃん、赤ちゃんは、結局、
家には帰らず、この子は児童養護施設に入所することになった。
　　児童養護施設の保育士は、この帰ってこないお母さんと、もう孫を育てる
ことができない祖父母にかわって、たかし君を立派に育て、自立して社会に
送り出していかなければならない。これが、児童福祉施設で働く保育士の仕
事である。
　　この作文は、一般市民向けの福祉講座や教室などでは、「養護問題」を考
える際、非常にわかりやすく、理解しやすい事例となっている。しかし、こ
れから保育士をめざす人となれば、もう少し深く理解する必要がある。つま
り、施設養護の問題を歴史的に、社会的に、客観的にとらえなければならな

い。

　たとえば、児童養護施設の施設機能は、戦後以下のような歴史的経緯をた
どっている。

①　家庭代替機能の時代─戦後～1960（昭和35）年代前半
②　教育・治療機能の時代─1960（昭和35）後半～70（昭和45）年代
③　自立援助機能の時代─1980（昭和55）年代
④　地域子育て支援機能の時代─1990（平成2）年代
⑤　権利擁護システム構築機能の時代─2000（平成12）年代
⑥　施設の小規模化と里親支援機能の時代─2010（平成22）年代

　この作文集の初版が発行されたのが、1981（昭和56）年である。当時の施
設は、子どもたちが施設から自立をしていくことに対して、さまざまな支援
をしていく機能をもつ時代にあることが歴史的、社会的にわかる。ゆえに、
この時代の保育士には、子どもたちの自立を援助するために、その知識や技
術が求められていたのであろう。

　このように、保育士をめざす人は、現在の施設養護問題を理解するだけで
は不十分である。まずは歴史的経緯を理解し、現状を認識し、そして求めら
れるニーズに対して、常に必要な知識や技術を得て、子どもたちの支援を実
践していかなければならない。

2．今日の養護問題と養護体系

⑴　ライフサイクルの変化

　国民生活におけるライフサイクルをみていくと、終戦直後の1950（昭和25）
年の平均寿命は、男59.57歳、女62.97歳であったものが、2018（平成30）年
では男81.25歳、女87.32歳と世界最高水準に達している。

　また、高学歴化や価値観の変化などもあって、結婚する年齢が上昇してお
り、1950（昭和25）年には平均初婚年齢が男25.9歳、女23.0歳であったのに
対し、2018（平成30）年には男31.1歳、女29.4歳[2]に上昇している。

　これに伴って、夫婦のもつ子どもの数も約4人から約2人に減少し、出産
や子育てにかかる期間も短縮されている。

　一方、定年後の期間、つまり、子どもが独立した後に夫婦のみで過ごす期
間、夫の死後に女性が1人で過ごす期間（寡婦期間）が長くなっており、こ
れに伴って、子どもが老親を扶養する期間も長期化している。つまり、わが
国のライフサイクルは「早婚・多子・短命」から「晩婚・少子・長命」へと
大きく変化してきている。

（2）　今日の養護問題と養護体系

　一般的に、子どもは家庭で養育・保護をされて健やかに成長していく。この形態を「家庭養育」という。

　現代では、この家庭養育の機能がもろくなっているといわれている。ライフサイクルの変化に伴う高齢社会の進行、出生率の低下、少産良育思想、高学歴化など、さまざまな課題の中で、家庭における子どもたちも社会的にプレッシャーを受け複雑多様な諸問題を抱えている。それに対応する家庭をみてみると、「家庭のない家族時代」ともいわれるほど、家庭における養育機能の低下は著しく、それを反映して養護ニーズは多様化かつ高度化し、また子ども虐待[1]などの養護問題を生み出している。

　こうした状況の中で、「家庭養育」で育成できない子どもたちに対して、社会（国）が家庭にかわって子どもを養育・保護するのが「社会的養護」である。

　「社会的養護」は、大きく4つの体系に分けられる。

① **補完的養護**—障害をもつ子どものための治療・教育や、父母の就労などのために保護者にかわって通園型施設で日中預かりケアをする（保育所・児童発達支援センターなど）。

② **支援的養護**—家庭で直面している養育問題に相談や施設利用によって援助、支援をする（母子生活支援施設・児童家庭支援センターなど）。

③ **代替的養護**—家庭での養育困難な子どもを代替的に入所型施設やグループホームで施設養護し、また里親等による家庭的養護をする（乳児院・児童養護施設・養育里親など）。

④ **治療的養護**—子ども自身の行動上の問題・疾病・障害などへの治療・教育を入所型施設で援助、支援する（児童自立支援施設・障害児入所施設など）。

（3）　家庭と同様の環境における養育の推進

　子どもが心身ともに健やかに養育されるよう、より家庭に近い環境での養育の推進を図ることが必要とされてきた。しかし、社会的養護を必要とする子どもの9割が施設に入所していたことから、児童相談所が要保護児童の養育環境を決定する際の考え方を法律で明確化する必要があった。

　これらの課題に対応するため、2016（平成28）年の児童福祉法改正により、子どもが権利の主体であること、実親による養育が困難であれば、里親や特別養子縁組などの「家庭と同様の養育環境」で養育されるよう、家庭養育優先の理念等が規定された。

[1]　本書では、引用部分を除き「児童虐待」も「子ども虐待」と表記する。

図 1 － 1　　家庭と同様の環境における養育の推進

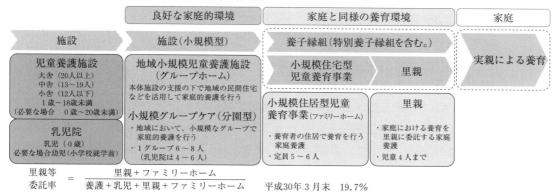

里親等委託率 = $\dfrac{\text{里親＋ファミリーホーム}}{\text{養護＋乳児＋里親＋ファミリーホーム}}$　平成 30 年 3 月末　19.7%

出典：厚生労働省子ども家庭局家庭福祉課「社会的養育の推進に向けて（平成 31 年 4 月）」2019 年

　また、この改正法の理念を具体化するため、2017（平成 29）年に「新しい社会的養育ビジョン」が取りまとめられ、家庭と同様の環境における養育がすすめられている（図 1 － 1）。

●考えてみよう！
① 　保育所保育士と施設保育士には、どのような役割の違いがあるのでしょうか。
② 　家庭における養育機能の低下には、どのような要因があるのか考えてみましょう。
③ 　代替的養護の施設やグループホーム、里親などの形態について、それぞれどのような特徴や課題があるか調べてみましょう。

2　児童福祉施設の子どもたち

1．児童福祉施設の類型

　社会的養護の中心的な役割を果たす児童福祉施設の類型について、設置目的と生活形態にポイントをおいて分類してみると次のようになる[3]。
設置目的
① 　**社会的養護系施設**―保護、養護、自立支援などを目的としている。
② 　**障害児系施設**―障害をもっている子どもに対して保護、療育、自活訓

練などを目的としている。

③ **育成系施設**──子どもの健全育成などを目的としている。

④ **保健系施設**──出産に関しての保健的支援を目的としている。

生活形態

① **入所施設**──24時間施設で生活するという入所型施設。

② **通所施設・通所機能**──一定時間施設を利用するという利用通所型施設、または機能をもっている施設。あるいは利用者を制度的に特定できない施設。

③ **利用施設**──一定時間施設を利用するという利用通所型施設であり利用者を制度的に特定できない施設。

以上を表にまとめると表1－1のようになる。

表1－1　児童福祉施設の類型（設置目的と生活形態の関係）

	入所施設	通所施設・通所機能	利用施設
社会的養護系施設	乳児院 母子生活支援施設 児童養護施設 児童心理治療施設 児童自立支援施設	児童心理治療施設※ 児童自立支援施設※	
障害児系施設	障害児入所施設 （福祉型・医療型）	児童発達支援センター （福祉型・医療型）	
育成系施設		保育所 幼保連携型認定こども園	児童館 児童遊園 児童家庭支援センター
保健系施設	助産施設		

※は通所機能を有するもの

2．子どもに関する相談内容と構成割合

　児童養護におけるさまざまな子どもに関する相談は、児童相談所を中心として受け付けている。

　その種類と主な内容は、大きく「養護相談」「保健相談」「障害相談」「非行相談」「育成相談」と「その他の相談」に分けられる（表1－2）。

　そして、その構成割合の年次推移をみてみると、最も多く占めているのは、障害相談で全体の約半数となっている。しかし、養護相談の件数も増え、児童虐待の相談件数も増加している（表1－3、図1－2）。

表1－2　子どもに関する相談の種類と主な内容

養護相談	1．児童虐待相談	児童虐待の防止等に関する法律の第2条に規定する次の行為に関する相談 (1) 身体的虐待：生命・健康に危険のある身体的な暴行 (2) 性的虐待：性交、性的暴行、性的行為の強要 (3) 心理的虐待：暴言や差別など心理的外傷を与える行為、児童が同居する家庭における配偶者、家族に対する暴力 (4) 保護の怠慢、拒否（ネグレクト） 　　保護の怠慢や拒否により健康状態や安全を損なう行為及び棄児
	2．その他の相談	父又は母等保護者の家出、失踪、死亡、離婚、入院、稼働及び服役等による養育困難児、迷子、親権を喪失・停止した親の子、後見人を持たぬ児童等環境的問題を有する子ども、養子縁組に関する相談。
保健相談	3．保健相談	未熟児、虚弱児、ツベルクリン反応陽転児、内部機能障害、小児喘息、その他の疾患（精神疾患を含む）等を有する子どもに関する相談
障害相談	4．肢体不自由相談	肢体不自由児、運動発達の遅れに関する相談。
	5．視聴覚障害相談	盲（弱視を含む）、ろう（難聴を含む）等視聴覚障害児に関する相談。
	6．言語発達障害等相談	構音障害、吃音、失語等音声や言語の機能障害をもつ子ども、言語発達遅滞を有する子ども等に関する相談。ことばの遅れの原因が知的障害、自閉症、しつけ上の問題等他の相談種別に分類される場合は該当の種別として取り扱う。
	7．重症心身障害相談	重症心身障害児（者）に関する相談。
	8．知的障害相談	知的障害児に関する相談。
	9．発達障害相談	自閉症、アスペルガー症候群、その他広汎性発達障害、学習障害、注意欠陥多動性障害等の子どもに関する相談。
非行相談	10．ぐ犯等相談	虚言癖、浪費癖、家出、浮浪、乱暴、性的逸脱等のぐ犯行為若しくは飲酒、喫煙等の問題行動のある子ども、警察署からぐ犯少年として通告のあった子ども、又は触法行為があったと思料されても警察署から法第25条による通告のない子どもに関する相談。
	11．触法行為等相談	触法行為があったとして警察署から法第25条による通告のあった子ども、犯罪少年に関して家庭裁判所から送致のあった子どもに関する相談。受け付けた時には通告がなくとも調査の結果、通告が予定されている子どもに関する相談についてもこれに該当する。
育成相談	12．性格行動相談	子どもの人格の発達上問題となる反抗、友達と遊べない、落ち着きがない、内気、緘黙、不活発、家庭内暴力、生活習慣の著しい逸脱等性格もしくは行動上の問題を有する子どもに関する相談。
	13．不登校相談	学校及び幼稚園並びに保育所に在籍中で、登校（園）していない状態にある子どもに関する相談。非行や精神疾患、養護問題が主である場合等には該当の種別として取り扱う。
	14．適性相談	進学適性、職業適性、学業不振等に関する相談。
	15．育児・しつけ相談	家庭内における幼児の育児・しつけ、子どもの性教育、遊び等に関する相談。
	16．その他の相談	1～15のいずれにも該当しない相談。

資料　厚生労働省「児童相談所運営指針」2018年

表1−3　児童相談所における相談の種類別対応件数の年次推移

	平成23年度	24年度	25年度	26年度	27年度	28年度	29年度
総　　数	385,294 100.0%	384,261 100.0%	391,997 100.0%	420,128 100.0%	439,200 100.0%	454,635 100.0%	466,880 100.0%
障害相談	185,853 48.2%	175,285 45.6%	172,945 44.1%	183,506 43.7%	185,283 42.2%	185,006 40.7%	195,786 41.9%
養護相談	107,511 27.9%	116,725 30.4%	127,252 32.5%	145,370 34.6%	162,119 36.9%	185,493 40.8%	185,032 39.6%
育成相談	51,751 13.4%	52,182 13.6%	51,520 13.1%	50,839 12.1%	49,978 11.4%	43,936 9.7%	43,446 9.3%
非行相談	17,155 4.5%	16,640 4.3%	17,020 4.3%	16,740 4.0%	15,737 3.6%	14,225 3.1%	14,110 3.0%
保健相談	2,639 0.7%	2,538 0.7%	2,458 0.6%	2,317 0.6%	2,112 0.5%	1,564 0.3%	1,842 0.4%
その他の相談	20,385 5.3%	20,891 5.4%	20,802 5.3%	21,356 5.1%	23,971 5.5%	24,411 5.4%	26,664 5.7%

資料　厚生労働省『平成29年度福祉行政報告例』2017年

図1−2　児童虐待の相談種別対応件数

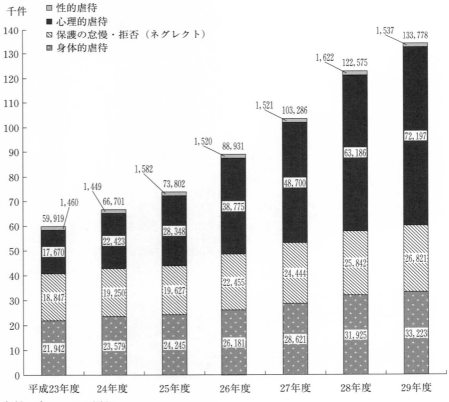

資料　表1−3に同じ

3．主な児童福祉施設の現況と課題

(1)　児童養護施設

　児童養護施設における養護問題発生の理由について、以前は、父母の死亡、行方不明、離婚による理由が多くを占めていたが、それらは減少し、現在では、「子ども虐待」に関係する父母の虐待・酷使、放任・怠惰、父母の性格異常・精神障害によるものが多くなってきている。また、バブル崩壊後の経済情勢不安定、不況等による貧困を要因とした借金等による破産等も深刻化しており、入所に際し、保護者はもちろんのこと、子ども自身にも障害、被虐待、非行などの問題を抱えている現況が顕著になってきている。

　また児童養護施設は、その集団の特性から大規模施設でのケアが主流であったが、前述した「子ども虐待」等による入所の増加や、2016（平成28）年の児童福祉法改正などにより、家庭における養育環境と同様の養育環境での個別的な関係が重視され、少人数のグループケアが実践されている（第3章・第8章参照）。

　課題として、「子ども虐待」の増加に伴う、家庭調整の対応、心理的治療などの支援の複雑さ、養護ケアの小規模化による家庭における養育環境と同様の養育環境での個別支援の必要性、里親支援が求められている。

(2)　乳児院

　乳児（原則は1歳未満の乳児。ただし、保健上その他の理由がある場合は就学前まで入所が可能）が入所する乳児院の養育内容としては、精神発達の観察および指導、毎日定時に行う授乳・食事・おむつ交換・入浴・外気浴および安静、定期に行う身体測定、健康診断、感染症などの予防があげられる。

　また、乳児院の役割として、①乳幼児の生命を守り、心身および社会性の健全な発達を促進する養育機能、②被虐待児・病児・障害児等への対応ができる乳幼児の専門的養育機能、③早期家庭復帰を視野に入れた保護者支援とアフターケア機能、④児童相談所から乳児院に一時保護委託を受けることが多く、乳児の一時保護機能、⑤子育て支援機能（育児相談、ショートステイ等）があげられている。

　今後の課題として、①専門的養育機能の充実、②養育単位の小規模化、③保護者支援機能、地域支援機能の充実があげられている。さらに「新しい社会的養育ビジョン」の中では、就学前の代替養育と乳児院の改革[*2]についても検討されている。

＊2　全国乳児福祉協議会は、2019（令和元）年9月『『乳幼児総合支援センター』をめざして』の中で、乳児院の高機能化・多機能化の具体的な姿として「乳幼児総合支援センター」を示している。

(3) 母子生活支援施設

　母子生活支援施設は、単に経済的な問題のある母子に宿泊を提供する施設ではない。入所利用基準は、家庭環境の不適、母親の情緒障害などや経済的理由により児童の福祉に欠ける、またその他の理由による。

　よくある入所に至る状況では、母子家庭になる前後に、家庭内の環境が不適当となり、同時に経済的問題が発生し、母親の心身が不安定になり、家事や育児ができなくなり入所となる場合が多い。

　具体的には、夫の暴力（ドメスティック・バイオレンス）・ギャンブル・消費者金融などの借金による経済的、精神的ストレスによる不安定や、母親自身の情緒的・精神的障害、アルコールまたは薬物依存などによる社会不適応などがあげられる。施設内は、母子単位の世帯で構成（入居）されており、母子の主体性を尊重して、側面的な支援を行うことを基本としている。

　母子生活支援施設の役割としては、「母子が一緒に生活しつつ、共に支援を受けることができる唯一の児童福祉施設」という特性を生かして、支援機能の充実が求められている。

　また、今後の課題として、①入所者支援の充実、②職員配置の充実と支援技術の普及向上、③広域利用の確保、④子どもの学習支援の充実、⑤児童相談所・婦人相談所との連携、⑥公立施設の課題があげられている。

(4) 障害児入所施設

　障害のある児童を入所させて、保護、日常生活の指導および自活に必要な知識や技能の付与を行う施設である。福祉サービスを行う「福祉型」と、福祉サービスに合わせて治療を行う「医療型」がある（表1−4）。

表1−4　サービスの内容

福祉型障害児入所施設	医療型障害児入所施設
●食事、排せつ、入浴等の介護 ●日常生活上の相談支援、助言 ●身体能力、日常生活能力の維持・向上のための訓練 ●レクリエーション活動等の社会参加活動支援 ●コミュニケーション支援 ●身体能力、日常生活能力の維持・向上のための訓練	●疾病の治療 ●看護 ●医学的管理の下における食事、排せつ、入浴等の介護 ●日常生活上の相談支援、助言 ●身体能力、日常生活能力の維持・向上のための訓練 ●レクリエーション活動等の社会参加活動支援 ●コミュニケーション支援

　障害児に対する施設は、以前は障害種別ごとに分かれていたが、複数の障害に対応できるよう2012（平成24）年度より一元化が行われた。ただし、これまで同様に障害の特性に応じたサービス提供も認められている。

●考えてみよう！
① 　障害児入所施設の地域支援機能を具体的に考えてみましょう。
② 　養護相談が増加していますが、どうして相談が増加しているのか調べてみましょう。
③ 　障害児入所施設の自立支援機能を具体的に考えてみましょう。

3　家庭養護の現状と課題

　ここでは、家庭養護の現状と課題について取り上げる。前述した通り、わが国では社会的養護を必要とする子どもが、より家庭に近い環境で養育されるように、里親や小規模住居型児童養育事業（ファミリーホーム）といった家庭養護が推進されている。

１．里親制度の概要

(1)　里親とは（社会的養護の中で家庭養育に近い形態）

　児童福祉法第6条の4において里親とは、①厚生労働省令で定める人数以下の要保護児童を養育することを希望する者のうち、養育里親名簿に登録されたもの、②規定する厚生労働省令で定める人数以下の要保護児童を養育することおよび養子縁組によって養親となることを希望する者のうち、養子縁組里親名簿に登録されたもの、③規定する厚生労働省令で定める人数以下の要保護児童を養育することを希望する者のうち、都道府県知事が児童を委託する者として適当と認めるものとされ、代替的養護の家庭養護に位置づけられている。里親には、養育里親、専門里親、親族里親、養子縁組里親の4種類がある。

(2) 里親になるには

　里親になることを希望する人（里親希望者）は、自分の居住している都道府県知事に対して申請書を提出し、都道府県知事は、この申出があった場合、速やかに認定の適否につき都道府県児童福祉審議会の意見を聴くことになっている。また、都道府県は里親希望者に対し必要な研修を実施し、児童相談所長は里親希望者の家庭に児童福祉司等を派遣し、要保護児童を育てるのに適当かどうかを調査する。

　里親の認定の要件として、厚生労働省は「里親制度運営要綱」で次のように定めている（養育里親の場合）。

① 　要保護児童の養育についての理解及び熱意並びに児童に対する豊かな愛情を有していること。

② 　経済的に困窮していないこと。

③ 　都道府県知事が行う養育里親研修を修了していること。

④ 　里親本人又はその同居人が次の欠格事由に該当していないこと。

　ア　成年被後見人又は被保佐人

　イ　禁錮以上の刑に処せられ、その執行を終わり、又は執行を受けることがなくなるまでの者

　ウ　法、児童買春・児童ポルノ禁止法（児童買春、児童ポルノに係る行為等の処罰及び児童の保護等に関する法律）又は政令第35条で定める福祉関係法律の規定により罰金の刑に処され、その執行を終わり、又は執行を受けることがなくなるまでの者

　エ　児童虐待又は被措置児童等虐待を行った者その他児童の福祉に関し著しく不適当な行為をした者

　親族里親の場合は、上記の①および④に該当し、3親等内であることなどが要件となる。

　養育里親と専門里親については、里親認定後、養育里親名簿に登録することで里親としての登録が完了する。また養子縁組里親についても、2017（平成29）年度から養子縁組里親名簿へ記載することとなった。

(3) 里親の登録者数や措置数など

　表1−5を参照すると、1965（昭和40）年、認定および登録里親数18,230人、委託里親数6,090人、委託児童数6,909人であった。それらはすべて年々減少しているが、2005（平成17）年からは増加している。2017（平成29）年現在、認定及び登録里親数11,730人、委託里親数4,245人、委託児童数5,424人となっている。委託里親数における委託児童数の割合は、1965（昭和40）

表１－５　里親数、委託児童数の推移

区　　分	認定及び登録里親数	児童が委託されている里親数	里親に委託されている児童数
昭和40年	18,230	6,090	6,909
45	13,621	4,075	4,729
50	10,230	3,225	3,851
55	8,933	2,646	3,188
60	8,659	2,627	3,322
平成 2	8,046	2,312	2,876
7	8,059	1,940	2,377
12	7,403	1,699	2,157
17	7,737	2,370	3,293
22	7,669	2,971	3,876 (4,373)
27	10,679	3,817	4,973 (6,234)
28	11,405	4,038	5,190 (6,546)
29	11,730	4,245	5,424 (6,858)

資料　厚生労働省大臣官房統計情報部「社会福祉行政業務報告」
注）平成22年度以降委託数の（　）はファミリーホームを含む。

年の1.13であったのが年々微増し、2015（平成27）年には、1.28となっている。このことから、一組の里親に委託される児童の数が１人ではなく、実績のあるベテランの里親に、２人目、３人目を委託し、微増加したと考えられる。さらに、認定および登録里親数と実際の委託里親数に差異があるのは、登録はしているが現況において委託が困難な場合、また委託児童との調整が上手くいかない場合がある。

(4)　里親の種類

① 　養育里親

保護者のない児童または保護者に監護させることが不適当であると認められる児童を養育することを希望する者であって、研修を修了し都道府県知事が適当と認めるもの。

② 　専門里親

虐待を受けた児童や非行のある児童、身体障害・知的障害・精神障害がある児童を専門的に養育する里親。専門里親の要件として、養育里親として３年以上の養育経験がある者、または、３年以上児童福祉事業に従事していた者で、さらに専門里親研修を修了していることなどが必要となる。

③ 親族里親

　　要保護児童の保護者が死亡、行方不明、または拘禁等の状態となった場合に、3親等内の親族が要保護児童の養育を希望し要件を満たした場合、里親として認定される。

④ 養子縁組里親

　　要保護児童との養子縁組を希望する者で、研修を修了し養育里親の認定要件に準じて認定される。

　里親の種別は、多い順に養育里親、親族里親、養子縁組里親となっている。委託されている児童の年齢は、7歳から12歳までの小学生が多く、次に、1歳から6歳までの幼児となり、小学生以下の児童が多数を占めている（表1-6）。

2．小規模住居型児童養育事業（ファミリーホーム）の概要

　小規模住居型児童養育事業（ファミリーホーム）とは、養育者の家庭に児童を迎え入れて養育を行う家庭養護の一環として、要保護児童[*3]に対し、この事業を行う住居において、児童間の相互作用を活かしつつ、児童の自主性を尊重し、基本的な生活習慣を確立するとともに、豊かな人間性および社会性を養い、児童の自立を支援することを目的とした事業である。

　職員配置については、養育者2名（配偶者）＋補助者1名、または養育者1名＋補助者2名[*4]としている。

　委託されている児童の数は、7歳から12歳までの小学生が最も多く、次いで13歳から15歳までの中学生が多くなっている（表1-6）。

[*3] 保護者のない児童または保護者に監護させることが不適当であると認められる児童。

[*4] 養育者は、小規模住居型児童養育事業を行う住居に生活の本拠を置く者に限る（それ以外は補助者）。

表1-6　里親および小規模住居型児童養育事業（ファミリーホーム）に委託されている児童数

	総　数	0　歳	1～6歳	7～12歳	13～15歳	16歳以上
里親に委託されている児童　総　数	5,424	203	1,515	1,553	982	1,171
養育里親に委託されている児童	4,134	94	1,253	1,257	703	827
専門里親に委託されている児童	221	2	26	72	51	70
親族里親に委託されている児童	770	1	57	211	227	274
養子縁組によって養親となることを希望する里親に委託されている児童	299	106	179	13	1	－
小規模住居型児童養育事業（ファミリーホーム）に委託されている児童　総数	1,434	9	243	479	342	361

資料　厚生労働省大臣官房統計情報部「平成29年度福祉行政報告例」2018年

3．家庭養護の課題

　家庭養護を推進する上での課題として、①里親および小規模住居型児童養育事業（ファミリーホーム）職員確保の問題、②実親の同意問題、③児童問題の複雑化、実施体制、実施方針の課題等があげられる。また、里親については、次で示すような里親制度低迷の時代があったが、最近の家庭養護の推進の中で、その重要性は増しており、里親への支援体制についても充実が図られている。

⑴　里親制度低迷の時代

　1965（昭和40）年以降、認定および登録里親数、委託里親数、委託児童数は、すべて年々減少していった。2005（平成17）年ごろから微増はしているものの、それほど増えてはいなかった。また、要養護児童のほとんどが施設への措置となり、里親委託は1割にも満たない現状があった。

　この里親低迷の要因について木村たき子は、「日本独特の血縁関係を重視する家族関係、養育家庭への理解不足、PR不足、都市化・核家族化・少子化の進行、住宅事情、施設入所に重点をおいてきた行政姿勢、子育てのむずかしさ観、親権をめぐる里親と実親との複雑な関係、里親制度を推進する専門職の不足、児童にあった制度の柔軟性のなさ、里親会の衰退、委託費・手当て等に関する問題、研究者の少なさ等いろいろ考えられる。これらの里親制度の問題は、長い間指摘され続けてきたのであるが、家制度などの日本の国民性やプライバシー等で片付けられてしまうことが多い」と指摘している。

　特に、施設養護が里親委託より主流になっている要因として、認定および登録里親数が少なく、委託の際、要保護児童とのマッチングが上手く合わず、一方、施設入所措置の方が迅速である実態があり、この事が余計に里親の新規開拓を推進できない現状になっていた。

　その後、国の施策の方向性として、施設養護より里親委託を優先することになり、これを反映して登録里親数、委託里親数、委託児童ともに増加している。

⑵　里親支援の重要性

　1989（平成元）年、国連で採択された「児童の権利に関する条約」の第20条には、「家庭環境を奪われた児童又は、児童自身の最善の利益にかんがみその家庭環境にとどまることが認められない児童は、国が与える特別の保護及び援助を受ける権利を有する」とし、具体的な代替的機能として、里親委

託、養子縁組、必要な場合には児童の監護のための適当な施設への収容を含むとしている。つまり、まず里親委託ありきで、養子縁組、そして施設という順番である。欧米では、里親委託が多数であり、施設への入所は少数であるが、わが国においては、先述したように、ほとんどが施設入所になっている。

このことから、この条約に国として署名、批准、発効し、条約締約国として責任ある立場のわが国に対して、国連の子どもの権利委員会から、里親制度や養子縁組の推進を図るようにと勧告を受けている事実がある。

ゆえに、2011（平成23）年に定められた「里親委託ガイドライン」では、里親委託優先の原則を明確に掲げている。

一方、里親側の養育上課題もある。たとえば、養育上の問題、退行現象、真実告知、実親等とのかかわり、地域とのかかわりなどである。その解決のためには、里親委託後の支援体制の充実が重要となる。

厚生労働省では里親支援の一環として、2008（平成20）年度から「里親支援機関事業」が実施された。この事業は、2016（平成28）年の児童福祉法改正により、都道府県（児童相談所）の業務として「里親支援事業」と法律に位置づけられた。具体的には、①里親制度等普及促進事業、②里親委託推進等事業、③里親トレーニング事業、④里親訪問等支援事業、⑤共働き家庭里親委託促進事業が行われている。

また、2017（平成29）年に公表された「新しい社会的養育ビジョン」の中で、里親への包括的支援体制（フォスタリング機関）の抜本的強化と里親制度改革が示された。これに基づき、2018（平成30）年に「フォスタリング機関（里親養育包括支援機関）及びその業務に関するガイドライン」が策定された。このガイドラインには、質の高い里親養育を実現するため、都道府県が行うべき里親に対する包括支援（フォスタリング）業務のあり方を具体的に提示するとともに、フォスタリング業務を民間機関に委託する場合における留意点や、民間機関と児童相談所との関係のあり方が示されている。

里親委託は、社会的養護体制の中でも、より家庭的な環境で愛着関係の形成を図ることができ、今後積極的な活用が望まれているが、要保護児童は情緒的に不安定なむずかしいケースも少なからずあり、今後、里親支援体制の充実は急務の課題といえよう。

●考えてみよう！

① 里親登録数が、増加しなかった理由について考えてみましょう。

② 里親が地域で、より認知されるためには、どうすれば良いか考えてみましょう。

③ 里親の支援、研修には、どのようなプログラムが必要か考えてみましょう。

4　新しい施設養護の理念

1．児童福祉施設を取り巻く新しい理念—権利擁護—

　児童福祉施設は、「児童の権利に関する条約」を批准、発効後（1989年国連採択、1994年日本国批准）、入所・利用児童を権利の主体者としてとらえるようになった。そして各地で、子どもたちは「権利」を行使するという立場に立った、新しい理念を基底としたケア基準の作成や権利ノートなどを作成している。

　しかし一方で、この「権利の主体者としての子ども」という考え方に相反する子どもたちの権利侵害事件も多発した。

　その後、制定後50年を経過した児童福祉法は、子どもたちと家庭を取り巻く環境の変化から1997（平成9）年に大幅に改正され、施設の名称変更とその目的に「自立支援」を付加し、児童福祉施設最低基準（当時）で施設長の懲戒に係る権限の濫用禁止が制度化された。

　2000（平成12）年には、社会福祉基礎構造改革を軸とした社会福祉法（社会福祉事業法の一部改正）が成立し、利用者の利益保護、福祉サービスの質の向上が明確化され、苦情解決など権利擁護システムの構築化が新たに求められるようになった。また同年、増加傾向にある子ども虐待について「児童虐待の防止等に関する法律」が成立し、虐待の定義、警察の介入が明文化され、児童福祉施設内の虐待にも適用されることになった。

　このように、児童福祉施設を取り巻く新しい理念は、児童の権利に関する条約批准後、子どもの最善の利益に基づいた「権利擁護」を中心としたものになってきている。

　この理念は、子どもたちの支援者である保育士も、当然念頭において支援を行うものであり、今後の実践をより高いレベルまで引き上げていくことをめざさなければならない。

　また、2016（平成28）年の児童福祉法改正では、児童福祉法の理念がより明確になり、「児童の権利に関する条約」の精神が第1条に謳われている。

2．「権利擁護」につながる第三者評価事業の導入

　権利擁護に関する新しい動向として注目されていることがある。「ケア基

準」「サービス自主評価基準」「福祉サービスに関する苦情解決の仕組み」に継ぐ、児童福祉施設サービスの質の向上のための方法として、2002（平成14）年度より設けられた「第三者評価事業」の導入である。

　これは、社会福祉法第78条（福祉サービスの質の向上のための措置等）に対する措置で、同法は次のように定めている。

社会福祉法第78条
　社会福祉事業の経営者は、自らその提供する福祉サービスの質の評価を行うことその他の措置を講ずることにより、常に福祉サービスを受ける者の立場に立つて良質かつ適切な福祉サービスを提供するよう努めなければならない。
2　国は、社会福祉事業の経営者が行う福祉サービスの質の向上のための措置を援助するために、福祉サービスの質の公正かつ適切な評価の実施に資するための措置を講ずるよう努めなければならない。

　これを受けて、児童福祉施設は、時代のニーズにあった福祉サービスの質の公正かつ適切な評価を受ける努力をする必要が生じた。

　第三者評価事業とは、まず施設がこれまで子どもたちや保護者に提供してきた援助や支援内容について自己評価する。そして、施設を利用している子どもたちや保護者からも評価を受ける。さらに、これらを踏まえて調査者である専門家により、専門的・客観的な評価を受けサービスの質を高めていくものとされている。

　これは、児童福祉施設の設備及び運営に関する基準による行政監査ではなく、あくまでもニーズにあったサービス水準の向上が目的とされている。

●考えてみよう！
①　なぜ、権利擁護が重要なのか、その背景について調べてみましょう。
②　なぜ、福祉サービスを第三者（関係者以外の人）が評価しなければならないのかを考えてみましょう。
③　福祉サービスの第三者評価基準は、インターネットのホームページ等で公開されています。どのような評価項目、評価細目があるか調べてみましょう。

〈引用・参考文献〉

1）鹿島和夫編『1年1組せんせいあのね』理論社　1997年
2）厚生労働統計協会編『国民衛生の動向　2019／2020』厚生統計協会　2019年
3）松原康雄・山縣文治編『児童福祉論』ミネルヴァ書房　2001年
4）厚生省児童家庭局企画課監修『児童相談所運営指針』日本児童福祉協会　1998年
5）全国保育士養成協議会現代保育研究所編『平成14年度　評価調査者養成研修　要項』全国保育士養成協議会　2002年
6）入江実・辰己隆『児童福祉─理論と実際─』さんえい　2000年
7）伊達悦子・辰己隆編『保育士をめざす人の社会的養護』みらい　2012年
8）保育福祉小六法編集委員会編『保育福祉小六法』みらい　2017年
9）木村たき子『里親制度と地域社会─宮城県牡鹿町のケース─』明石書店　2003年
10）厚生労働省「社会的養護の課題と将来像（概要）」2011年
11）福祉医療機構「WAMNET」独立行政法人福祉医療機構　2017年
12）厚生労働省「社会的養育の推進に向けて（平成31年4月）」2019年

第**2**章

◆ ◆ ◆　　施設養護のプロセスの理解　　◆ ◆ ◆

キーポイント

　　ここでは、一人の子どもが施設に入所し、そこで生活し、そして退所していくまでの施設職員が行う一連のケアのプロセス、つまり、個々の子どもに対する「施設養護プロセス」について考えていきたい。

　　まず最初に、一つの事例を取り上げ、その検討から、施設養護のプロセスの現状とその問題点に話を進めていく。それを踏まえて、次には、施設養護のプロセスで求められる視点について考えていく。特に、一人の子どもの入所から退所までの養護プロセスを、PDCAサイクル（計画、実践、評価、改善）のプロセスとしてとらえ、個別の目標や方向性に沿った具体的な支援計画の策定の必要性を強調したい。そして、最後に、そのプロセスにおいて実際に展開されるケアの内容について、「入所前後の支援」「施設内のケア」「退所前後の支援」の3つのステージに分けて説明し、それぞれの留意点についても示したい。

1　施設養護のプロセスの現状とその問題点

1．ある事例からの問題提起
　　―ケアの見通しを欠いた支援のプロセスがもたらしたもの―

（1）　**事例**―遅すぎた家庭引き取り（児童養護施設の事例から）―

　一人の子どもが施設に入所し、そこで生活し、そこを退所していくまでの施設職員が行う一連のケアのプロセスを理解するにあたって、まず最初に一つの事例から考察をしてみよう。この事例は、施設養護のプロセスにおいて、大切な何かが欠落している、いわば「問題事例」の一つといえるだろう。

●施設入所までの経緯

　Ａ君の父親は、幼いＡ君にしばしば暴力をふるった。母親は、それをみか

ねてA君を連れて別居した。だが、アパート代など出費がかさみ、すぐに生活費が底をついた。そこで、親子で生活できるめどがつくまでの間、小学校１年生のA君を児童養護施設に入所させることになった。

●入所後の様子─入所の長期化とA君の問題行動

母親との生活のめどがたつまでの入所のはずが、入所の期間が１年、２年、３年……と延びていった。その間、おとなしくてあまり目立たない存在だったA君も、小学５年生の頃から突如として生活が荒れ始めた。園内だけに止まらず、学校や近隣においても、他の子どもへの執拗な嫌がらせや暴力も繰り返されるようになってきた。

●問題行動への対応

施設では児童相談所と協議して、定期的なカウンセリングを行い、また、急きょ母親との親子関係の調整にも努め出した。さらには、A君に自分自身を振り返る機会を与えるために（一時保護所への）一時保護も行った。そして、その間に、関係機関の職員が集まってA君のケース会議も行った。

●その後のA君の様子

A君に対し、さまざまな取り組みを行ったが、そうした努力のかいもなく、A君の行動はエスカレートする一方だった。他の子どもへの暴力は危険を伴うものとなり、さらには、保育士の顔面を殴るなど暴力は職員にまで及び、園内の緊張感も一気に高まってきた。

●退所に向けての対応・処置

そして、ついに児童相談所と協議の結果、A君をこの施設から他の所へと移すことになった。だが、A君の気持ちも尊重する中で、次の「行き場」はなかなか決まらなかった。

結局、苦渋の選択の末に最終的にとられた処置とは、母親のもとへの引き取りであった。A君はすでに中学１年生となっていた。だが、そのとき母親は、すでに再婚の予定があり、しかもお腹にはその相手の子どもを宿していた。

(2)　事例における問題点

この事例をみていくと、すぐに次のような疑問点が浮かぶ。

・なぜ、家庭の環境調整が進まず、在園期間が長引いてしまったのか？

・なぜ、A君は、こんなにひどく荒れることになってしまったのか？

このような疑問点を抱かざるを得ないこの事例のもつ問題点とは、いったい何なのか。

それは、一言でいえば、ケアにおけるねらい（目標）の曖昧さと具体的な見通し（計画）の欠如にあるといえるのではないか。

すなわち、A君の事例では、「親子での生活のめどがたつまで」という大まかな目標はあったものの、その明確化がなされず、また、それを実現するための具体的な計画も欠如していたために、家庭の環境調整も進まず、在園期間も延びることになってしまったのだろう。

また、A君がひどく荒れることになったのも、支援の具体的計画の欠如により、A君自身が長引く施設の生活において、先の見通しがまったくもてなくなったことにもよるのだろう。それは、まるでゴールのみえないマラソンをひたすら走らされているような苦痛に満ちた状態だったのかも知れない。

だが、ここで考えなければならないことは、「ケアにおける具体的な見通しの欠如」という問題が、果たしてこのA君の事例だけに限った特殊な問題といえるのかということである。

そこで、次に、施設養護のプロセスにおける現状と、その問題点について考察していこう。

2．施設養護のプロセスの現状と問題点

(1)　施設養護のプロセスの意味と内容

施設養護のプロセスとは、一般に、「施設養護の目標を達成するために展開される一連のケアの流れ」として規定される。そして、そのプロセスの内容は、以下のように分けられる。

① 　施設の子ども全員を対象とした「施設全体の養護プロセス」

② 　各グループの子どもを対象とした「グループ（ごと）の養護プロセス」

③ 　個々の子どもを対象とした「個別の養護プロセス」

本章で対象とするのは、特に③の一人ひとりの子どもに対する（その入所から退所までの）「個別の養護プロセス」である。

(2)　施設養護のプロセスの現状について

施設養護のプロセスの現状についてみるならば、以下の点を指摘することができる。

① 　「施設全体の養護プロセス」では、ふつう「年度」がプロセスの期間

（時間）上の切れ目（区切り）となっており、年度ごとに支援目標の確認・設定がなされ、またグループ編成や職員体制等も見直され、手直しされている（退職等による職員の入れ替わりや入・退所による児童の入れ替わりもあるため）。そして、その年度の枠の中で、さらに学期、月間、週間、日課等の時間的区切りをつけて、そのプロセスが展開されている。

② 特に「グループ（ごと）の養護プロセス」では、年度途中での児童の入・退所によるグループメンバーの変更もあり、入・退所するその児童の年齢やパーソナリティ等によっても、グループの養護プロセスに大きな影響が生じる。

③ 一人ひとりの子どもに対する「個別の養護プロセス」は、どうしても施設全体やグループの養護プロセスの影響を大きく被ることになる（たとえば、担当職員の入れ替えや所属グループの配置替え、他児の入・退所によるグループメンバーの変更など）。

④ 一人ひとりの子どもに対する「個別の養護プロセス」においては、どうしても日々の生活支援や突発的な子どもの問題行動への対応などの、目先の（目の前の）支援プロセスに終始しがちになる。

(3)　「個別の養護プロセス」の問題点

以上の現状から、「個別の養護プロセス」は、主として年度ごとにその体制等を見直す「施設全体の養護プロセス」や、年度途中に他児の入・退所もある「グループ（ごと）の養護プロセス」に大きく左右されがちである。それにより、一人の子どもの入所から退所に至る一連の養護プロセスも、年度ごとの切れ目（区切り）や予期せぬ他児の入・退所等がある中で、その一貫性や連続性が損なわれがちになるといえる。

しかも、日常的には日々の生活支援や問題行動への対応など、どうしても目先の（目の前の）支援プロセスに終始しがちでもある。

したがって、よほどしっかりとした個々の子どもの支援目標をもち、また、より具体的な長期的計画（見通し）をもって、しかもそれを職員全体で共有していかなければ、子どもの在所期間が年度を重ねて長引くほど、その支援目標や具体的な支援の方向性が見失われがちとなる。

そのことをともすればあまり気にとめずに見過ごしがちとなっているのではないか。その結果として、A君の事例のような事態が、現実に起きてしまっているのである。

2　施設養護のプロセスに求められる視点

1．「個別の養護プロセス」をとらえる視点

　施設における一人ひとりの子どもに対する「個別の養護プロセス」について、そのプロセスをいかにとらえるべきかを以下に説明しよう。

(1)　Plan－Do－Check－Action　（計画、実践、評価、改善）のプロセスとして

　まず、「個別の養護プロセス」は、その子どもの支援目標に即した支援計画が立てられ（Plan）、それに沿って実践がなされ（Do）、その成果が評価され（Check）、また、それによって支援計画の改善がなされ（Action）……といった、PDCA（Plan－Do－Check－Action）のサイクルの積み重ねのプロセスとして、しっかりと認識される必要がある。つまり、それは、以下のようにとらえることができる。

①　目標と方向性のあるプロセスとして

　「個別の養護プロセス」では、日常の生活支援など、どうしても目に映るものが、型通りの「ルーティン」な支援の連続性にみえがちだが、そうした援助も、あくまでも（その子の）常に一貫した目標と方向性をもったプロセスの中にあることを忘れてはならない。

②　「原点」へのまなざしを重視したプロセスとして

　ここでの「原点」とは、入所に至った原因とそれを解決するための最初の支援目標、および支援計画（Plan）のことである。「個別の養護プロセス」においては、まず第一に、この「原点」をしっかりと明確に設定することが重視されなければならない。そして、折にふれて、この「原点」に立ち返り、それを再確認しながら、そのプロセスを点検していくこと（Check）が求め

られる。

③　評価、改善の繰り返しのプロセスとして

　「個別の養護プロセス」では、支援計画（Plan）に沿って、支援の成果が十分にあがっているかどうかを、繰り返し評価をしていくこと（Check）が求められている。そして、その評価次第では、「Plan」の見直し・改善が柔軟かつ大胆になされることも求められる。

(2)　入所から退所までの一連のプロセスとして

　一人ひとりの子どもの「個別の養護プロセス」においては、施設全体や所属グループの養護プロセスの基礎となっている年度ないし学期等の時間的な区切りとは別に、その個々の子どもの「入所から退所までの期間」を目標期間として設定して、その期間において、一連のプロセスを展開していくというように考えることが大切である。

　以下に、もう少し詳しく説明しよう。

①　目先の問題解決のプロセスと長期を見通したプロセス

　「個別の養護プロセス」においては、どうしても、日々の生活支援や突発的な問題行動への対応など、目先の（目の前の）問題解決のプロセスに終始しがちとなる。しかし、養護のプロセスをもっぱらそうした目先のものだけでとらえるのではなく、その子どもの支援における、先を見通したより長期的なプロセスにおいてとらえる目も、あわせてもたなければならない。

②　個別に目標期間の設定を試みたプロセスとして

　「個別の養護プロセス」においては、できる限りにおいて、一人ひとりの子どもの退所までの目標期間の設定、言い換えれば、施設での在所期間の目

目先の問題に
目を奪われない

標設定を（ケースによっては、それが認定困難な場合もあろうが、その場合でも可能な限りにおいて）行っていくことが求められる。

2．自立支援計画の策定の意義[*1]について

次に、「個別の養護プロセス」の一連のケアにとって、その拠り所となる自立支援計画の策定の意義について、それぞれ施設職員、保護者、子ども自身の立場から考えてみよう。

(1)　施設の職員における意義

日々のルーティンワークに追われて、仕事の目標や方向性をつい見失いがちな施設職員にとって、個々の子どもの自立支援計画が共有できることは、一つひとつの支援に明確な意味づけができ、仕事への取り組みの意識も向上することになろう。また、支援が困難な子どもへの対応で行き詰まりそうなときも、もしもその子の退所までの目標期間等（仮に、それが試みに設定された期間であっても）の見通しが少しでももてるならば、何とかバーンアウトにも至らずに、より前向きな対応が可能となるだろう。

(2)　保護者における意義

保護者にとっても、自立支援計画の策定への参加と策定された計画への十分な理解が得られるならば、保護者としての（自分自身の）養育上の役割や責任も十分に認識されることになろう。特に、大まかであっても、わが子の退所までの目標期間等（あくまでも、大まかな目標設定であったとしても）についての共通認識をもつことは、保護者自身の家庭環境調整への努力にもつながっていく。もしも、そのような認識と努力がなければ、保護者も、だんだんとわが子を施設任せにして、そのうちすっかりとその状態に安住してしまうことになりかねない。

(3)　子ども自身における意義

もしも、子ども自身が自分の自立支援計画の主な中身を知らされ、大まかであっても退所までの目標期間等（あくまでも、大まかな目標設定であったとしても）を提示してもらえたならば、施設での自分の生活もかなり見通しの開けたものとなるだろう。それは、ゴールの定まらないマラソンに目標となるゴールが与えられるようなものなので、それにより自分なりのペース配分を考えながら、少々つらくともがんばっていくことができるようになるこ

＊1　「自立支援計画」とは、1998（平成10）年の厚生省の通知により、児童養護施設や児童自立支援施設等において策定されることになった、入所児童とその家庭に対する支援計画のことをいう（自立支援計画の詳細については、p.129〜134を参照のこと）。

とが考えられる。

```
●考えてみよう！
①　今日、子どもの施設での在所期間の目標設定が、ますます困難になってきて
　いる状況にあります。その背景として考えられることをあげてみましょう。
②　被虐待児のケースにおいては、援助計画の策定がむずかしくなりがちです。
　その理由についてグループで話し合ってみましょう。
```

3　施設養護のプロセスの展開内容とその留意点
──児童養護施設の場合を例として

　施設養護のプロセスに求められるこれまでの視点も踏まえながら、実際に
そのプロセスにおいて展開されるケアの内容について、特に児童養護施設を
例として考えてみよう。

　ここでは、一人の子どもが施設に入所し、そこで生活し、そこを退所して
いくまでの一連の流れの中で展開されるケアの内容を、次の3つのステージ
で考えていく。それは、①「入所前後の支援」→②「施設内のケア（インケ
ア）」→③「退所前後の支援（リービングケア・アフターケア）」である（図
2-1参照）。以下にそれぞれの内容について説明し、また、そこでの留意
点についてふれる。

図2-1　「施設養護のプロセス」の3ステージ

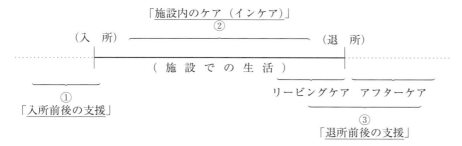

1．入所前後の支援

(1)　入所前後に展開されるケア内容

① 　入所前の対応・準備
○児童相談所より事前に情報を入手する
・入所理由と支援指針（目標）について
・子どものパーソナリティと健康状態について
・保護者とその家族の概況（その顕著な問題点）について
・施設入所に対する保護者および子ども自身の意向について
○施設の受け入れ準備を進める
・受け入れグループと受けもちの職員を決定する
・受け入れグループの子どもたちの理解と協力を促す
② 　入所後の受け入れと自立支援計画の策定
○最初の受け入れについて
・受容的な雰囲気の中で入所児童を紹介し、みんなの中に導く
・生活の簡単な流れを説明し、不安感を取り除く
○初期のケアについて
・生活の不安感をなくし、グループの仲間との関係づけを促進する
・学校生活への適応を側面的に支援していく
○児童相談所など関係機関と連携しながら、子どもの自立支援計画を
策定する

(2)　入所前後のケアの留意点
　　　　─自立支援計画策定における留意点─

　上記のケア内容において重要と考えられる「自立支援計画の策定」について、以下に、その際の留意すべき主な点をあげる。

①　入所後のできるだけ早期に策定を

　入所に至った原因が鮮明なうちに、また、保護者によっては子どもを「施設任せ」にしてその状態に安住してしまうことのないように、入所後のできるだけ早期に策定することが大切である。

②　できるならば、退所までの大まかな目標期間の設定を

　先にもふれたが、個々の子どもの自立支援計画では、できる限りその子の退所までの期間を想定し、それを目標期間として設定することが重要である。だが、それがどうしてもむずかしい場合は、最初の半年間ないし１年間を、

先々の見通しを獲得するための大切な（鍵をにぎる）期間として暫定的に目標期間として設定し、特に親子関係調整に努めていく必要がある。

③　施設の在所期間はできるだけ短縮の方向で

　施設での在所期間は、できる限り長くならないように考えていくのが基本であろう。だが、それでも長期ケースになりそうな場合には、施設だけでなく、それ以外の社会資源（たとえば、里親やファミリーホーム等）の活用も、計画の中で考慮に入れていく必要がある。

④　できるだけわかりやすく共有しやすい計画を

　計画の内容は、確認しやすく、また、みんなが共有しやすいように、できるだけわかりやすく簡潔なものとするための工夫や努力が必要である。

⑤　保護者や子ども本人の意向も踏まえること

　計画の策定にあたっては、保護者並びに可能ならば子ども自身の意向も踏まえることが必要である。そして、保護者には、策定された計画について十分に説明し理解をしてもらう必要がある。また、その計画に沿って子どものケアを行う上で、保護者は養育上の最も大切なパートナーであることの意味やその役割・責任についても十分に理解してもらう必要がある。なお、可能ならば、子ども本人にも策定された計画について（特に退所までの目標期間等について）説明し、少しでも理解をしてもらうことが大切だろう。

2．施設内のケア（インケア）—入所中の日常的ケア—

(1)　展開されるケア内容

---

①　子どもの生活のサポート
　○基本的な生活環境を保障する
　　・衣・食・住の基本的環境の整備
　　・保健・衛生面への配慮
　　・金銭・経済面（小遣い、学校集金、活動諸費）への対応
　　・安全面・防災面への配慮と整備
　○文化的な生活環境を保障する
　　・生活文化面（居室の飾りつけ等、生活の潤い）への配慮と整備
　　・学習環境面への配慮と整備
　　・情報文化面（図書、パソコンなどの整備）への配慮
　○生活指導を継続的に行う
　　・基本的生活リズムや基本的生活習慣の定着

- ・生活上のルールや規範意識の醸成
- ・生活環境の向上への意識づけ
- ○学習指導に取り組む
  - ・個々の学習の遅れに即した補習指導
  - ・学校の宿題等の側面的援助
  - ・定期試験や入試のための対策指導
- ○進路に関する相談・指導を行う
  - ・進路に関する情報提供や相談・助言
  - ・子ども本人および保護者の進路希望の確認と調整
  - ・学校担任や児童相談所職員等との進路に関する協議
- ○余暇活動を充実させる
  - ・日々の自由遊びの工夫と充実
  - ・グループ内行事や施設行事の充実

② **子どものこころのサポート**

- ○こころの健康管理に努める
  - ・ストレスの軽減と情緒の安定への配慮
  - ・子どもが抱える問題や悩みへの相談・助言
- ○（必要に応じて）治療的なかかわりを試行する
  - ・意識的・積極的な受容および肯定的評価
  - ・安心感や庇護感を生む個別的な関係づくりへの配慮
- ○子どもの問題行動に対して個別的に丁寧に向き合う
  - ・問題行動の原因（背後にある問題も）の理解
  - ・個別的なかかわりを通しての対話

③ **子どもの自立に向けてのサポート**

- ○日常生活の中で子どもの自主性を育成する
  - ・子どもが自ら判断し意思決定する機会を生活の中で意識的に設定
- ○生活技術・知識の習得のための支援を行う
  - ・礼儀やマナー、社会常識の習得の支援
  - ・買い物の仕方、お金の使途・管理の仕方についての助言・指導
- ○社会的関係を重視し、社会参加への支援を行う
  - ・地域の活動・行事への参加の促進・支援

④ **保護者・家族へのサポート**

- ・保護者への子どもの近況を報告する（保護者の近況確認も）
- ・子どもの育成・指導面における、保護者への協力（共同子育て）をお願いする

> ・面会、外出、外泊等の連絡のやり取りを通して対話を図る

(2)　施設内のケア（インケア）の留意点
―目先にとらわれず、より長期的なまなざしを―

　上記のケア内容をみる限り、「施設内の日常的ケア」においては、日々の生活支援や問題行動への対応など、やはり目先の（目の前の）支援プロセスに終始しがちとなろう。しかし、繰り返しになるが、できるだけ目先のものだけにとらわれず、より長期的なまなざしをもたなければならない。

　したがって、この「施設内の日常的ケア」も、常に次のようないくつかの「支援目標とその実践のプロセス」として、複眼的にとらえられる必要がある。

①　日々の当面の短期的な目標とその実践のプロセスとしてとらえる

②　年度ごとや学期ごと等の区切りの中の目標とその実践のプロセスとしてとらえる

③　入所から退所に至る一連のプロセスの中の目標とその実践のプロセスとしてとらえる

そして、この①〜③の視野から、折にふれて各プロセスの目標の達成状況の評価を行う必要がある。

3．退所前後の支援（リービングケア・アフターケア）

(1)　展開されるケア内容

　ここで展開されるケア内容は、一般的には、退所を境にその前後で分けてとらえられることが多い。退所の前に、「退所に向けての準備」のためになされるケアを「リービングケア」と呼び、それに対して「退所後の支援」を「アフターケア」と呼んでいる。以下これにならって、退所の前と後で分けて話を進めていく。

---

①　退所に向けての準備（リービングケア）のケア内容
　○生活技術の習得による自己の生活管理能力の向上への支援を行う
　　（たとえば、施設独自の自活訓練プログラムの実施によって）
　　・調理、洗濯等の家事　・栄養面を含めた健康の自己管理
　　・金銭の自己管理　　　・休日等における時間の自己管理　などについて
　○生活経験の拡大のための支援を行う

・役所、金融機関の利用　　　・病院への通院や健康診断

・時刻表、地図を利用しての交通機関の利用　などについて

○家庭環境の調整を図る

　［退所により家庭に戻る場合］

・（子どもへの支援としては）保護者との生活への不安の解消、家庭での子どもの役割の確認

・（保護者への支援としては）子どもの現況の理解とその子の可能性への理解の促進

　［退所しても家庭復帰がむずかしい場合］

・面会や外出の促進による、家族との関係の維持・改善

○その他、退所後の支援（アフターケア）のための下地づくりを行う

・子ども本人・保護者との信頼関係づくりに努め、退所後も良き相談相手・話し相手となっていけるようにする

　［退所後、職員寮等のある職場に就職する場合］

・職場生活の下地づくりのため、職場の担当者に対して事前に当人の金銭管理や健康管理等への配慮を依頼しておく

　［退所後、（他の施設や里親等に）措置変更される場合］

・できれば移動先の施設等の下見（見学）をさせてもらう

② **退所後の支援（アフターケア）のケア内容**

○施設職員が開かれた相談相手・話し相手としての存在になること

・子ども本人からや保護者・職場の人から求めがあったときには、いつでも気軽にそれに応じること

○施設がこころのよりどころとなること

・施設を退所した子どもにとってのこころの故郷（ふるさと）として、いつでも帰ってこれる場となること

○退所後の問題状況に対応すること

・家庭内の問題（保護者の問題、子ども本人の問題）に対して

・就職先の職場における問題状況に対して

　（職場への不適応、行方不明、退職、失業、職探し　など）

・措置変更先（施設や里親宅等）での問題状況に対して

　（不適応、無断外泊、種々の問題行動　など）

（2）　退所前後のケアの留意点

①　アフターケアがリービングケアとは切り離せないこと

　上記のアフターケアのケア内容より、施設職員が「開かれた相談相手・話し相手」となり、施設が「こころの故郷(ふるさと)として、いつでも帰ってこれる場」となるには、何よりもお互いの信頼関係が重要な前提条件となる。

　そうであれば、アフターケアとは、退所してから（退所後に）初めて実施されるものでなく、あくまでも退所の前から事前に考慮しつつ、準備されなければならないものといえる。その意味では、アフターケアは決してリービングケアと切り離しては考えられないものである。

②　支援目標の達成状況への評価（Check）と「退所」の意味合い

　施設に入所した子どもがいよいよ退所の運びとなったとき、そこでしっかりと確認されなければならないことは、その退所がその子どもの当初からの支援目標の達成（完了）による退所なのかどうか、すなわち、入所原因の問題が解決されたことによる退所なのかどうかということである。それにより、退所の意味合いも大きく変わってくることになる。

　以下に、退所にあたって支援目標の達成状況への評価から、「退所」のもつ意味合いを分類整理するならば、おおよそ以下のようにまとめることができよう。

　○入所原因の問題が解決されたことによる退所（目標達成による退所）

　○入所原因の問題がなおも残ったままの（未解決なままの）退所

　　・中学卒業を契機とした家庭引き取りによる退所

　　・中学卒業を契機とした社会的自立（就職や自立援助ホーム利用も含む）による退所

　　・高校卒業を契機とした家庭引き取りによる退所

　　・高校卒業を契機とした社会的自立（就職や自立援助ホーム利用も含む）による退所

　　・高校卒業後、専門学校、大学などへの進学による退所

　　・高校中退による家庭引き取りによる退所

　　・高校中退による社会的自立（就職や自立援助ホーム利用も含む）による退所

　　・子どもの施設不適応のための家庭引き取りによる退所

　　・措置変更（障害児入所施設、児童自立支援施設等への入所や、里親等への委託）による退所

　　・長期行方不明による退所　など

　なお、以上のそれぞれのケースにおいて、それに必要となるリービングケ

ア、アフターケアがしっかりと考慮され実施されなければならない。

```
●考えてみよう！
①　入所前から退所前後の支援の流れの中で、それぞれ子どもにどんな配慮が必
　　要かを考えてみましょう。
②　退所後の支援（アフターケア）について、退所の理由ごとの支援のあり方に
　　ついて、グループで話し合ってみましょう。
```

〈参考文献〉
全国社会福祉協議会養護施設協議会編『養護施設ハンドブック』全国社会福祉協議会
1990年
浅倉恵一・峰島厚編『シリーズ少子化社会の子ども家庭福祉②　新・子どもの福祉と
施設養護』ミネルヴァ書房　2004年
新版・社会福祉学習双書編集委員会編『新版・社会福祉学習双書14巻　社会福祉施設
運営（経営）論〔改訂7版〕』全国社会福祉協議会　2008年
加藤孝正・小川英彦編『基礎から学ぶ社会的養護』ミネルヴァ書房　2012年
新保育士養成講座編纂委員会編『新保育士養成講座第5巻　社会的養護〔改訂2版〕』
全国社会福祉協議会　2015年
大竹智・山田利子編『保育と社会的養護原理〔第2版〕』みらい　2017年
中山正雄監修・浦田雅夫編『よりそい支える社会的養護Ⅱ』教育情報出版　2019年

第 **3** 章

◆ ◆ ◆ 保育士の基本的な社会的養護支援 ◆ ◆ ◆

キーポイント

　第2章において施設養護のプロセスを理解した。本章では、その中で施設でのケア（インケア）を中心に、退所に向けての準備（リービングケア）を含めた具体的な支援について解説したい。

　社会的養護施設[*1]においては、施設内での支援のあり方次第で、施設を利用する子どもたちやその家族が抱えるさまざまな問題の解決・軽減の方向性が大きく左右されるといっても過言ではない。それほど施設内の援助・支援は子どもの未来にとって重要な位置を占めている。

　昨今、家庭機能の脆弱化が叫ばれて久しいが、家庭での養護と施設における養護は同一線上にあり、決して次元の異なるものであってはならない。つまり、家庭の養護そのものが施設での養護であり、両者は軌を一にしているととらえる必要がある。だが、あえて両者の違いをあげるならば、養護の「専門性」の有無にあるといえよう。よって、保育士をめざすみなさんは、養護の専門性に着目しなければならない。

*1　ここでは児童養護施設をはじめ、乳児院、母子生活支援施設などの障害のない子どもが主に入所する施設を「社会的養護施設」と呼ぶ。

1　社会的養護施設における基本的な支援

1．はじめに―社会的養護施設の支援の内容―

　戦後社会において、児童養護施設を扇の要とする社会的養護施設は、保護を必要とする子どもたちのために、その社会的役割・使命を果たしてきたのである。その援助理念は、あくまで子どもを「保護」の対象としてとらえ、必要な援助を施設で提供してきた。しかしながら、1994（平成6）年に「児童の権利に関する条約」を批准したのを契機に、その理念に変化が起こった。それまでのいわゆる「受動的権利」から子どもの最善の利益を図る目的で「能動的権利」の視点の必要性が認識されたのである。この流れに沿って1997（平成9）年に児童福祉法が改正され、社会的養護施設において「自立支援」の理念が導入されることになったのである。

さらに2004（平成16）年の改正で、乳児院・児童養護施設の年齢要件が見直され、2008（平成20）年の改正では、施設の「小規模化」および養育里親の拡充が図られた。これらの改正の背景には「子ども虐待」の増加があげられる。

　また2016（平成28）年6月の改正では、第1条の「理念」に「児童の権利に関する条約」の精神に則った改正がなされ、これからの社会的養護の視点において基準となるメルクマール（指標）になった。

　つまり、社会的養護施設における支援の基本的方向は、子どもの保護と並行して、自立支援や家庭的な環境での養育の視点といった社会的養護の流れを踏まえていかねばならない。その視点等を念頭に社会的養護施設における基本的な支援の具体的内容について解説する。

　なお、社会的養護施設の具体的支援内容は、便宜上次の4つに分類する。

●支援の分類

①　日常生活支援
②　学習指導
③　余暇活動
④　家庭調整

2．日常生活支援

　日常生活支援は、あらゆる社会的養護施設はもとより、社会福祉施設全体に共通する支援となる。社会福祉施設においては、そこを利用するすべての人に生活の安心と安全が保障され、日常生活が営めることが前提となって、それぞれの人たちが抱える問題の解決・軽減に向けた取り組みが可能となる。とりわけ、社会的養護施設にとっては、将来健全な社会生活が営めるように日常生活支援、つまり基本的生活習慣の確立および基本的生活技術の習得を図る必要がある。

　日常生活は衣・食・住をベースに成り立っているといえる。そこで、衣・食・住をはじめ、関連する日常生活項目を取り上げて解説する。

(1)　衣

　施設が衣服を大量に、かつ一括に購入していた頃は、衣服の確保の優先性や予算的理由により正当化されていた。しかしながら、時代の変遷とともに衣服もひとつの個性、自己表現のあらわれであるとの認識がなされはじめ、

購入方法にも一定の前進がみられる。すなわち、子ども個々人の年齢や好みなど要望を取り入れた購入である。

　一人ひとりの子どもの要望に応じた購入を心がけると、子ども自身が「自分の衣服である」との所有感が醸成され、衣服を大切に扱う基本的な心構えが育ってくる。あながち集団生活では自他の区別が曖昧になりやすく、どうしても衣服に対する所有感や愛着感が芽生えにくい。よって、衣服が乱雑、粗末に扱われることが見受けられるので、所有感や愛着感をもたせるためにも可能な限り、個別購入が望ましい。

　また、購入についてだけではなく、季節柄や場所柄に応じた衣服の選択・着用の配慮も忘れてはならない。いわゆる、T（time）P（place）O（occasion）に応じた服装である。

　その他、子どもの年齢に応じて清潔感を保つために、洗濯、アイロンがけ、補修の指導や訓練、合わせて自らが衣服を保管するための収納スペースの確保などが必要となる。

⑵　食

　「児童福祉施設の設備及び運営に関する基準」では、食事について第11条第2項に「入所している者に食事を提供するときは、その献立は、できる限り、変化に富み、入所している者の健全な発育に必要な栄養量を含有するものでなければならない」と規定している。

　施設での集団生活を送る子どもにとって最大の関心事は食にある。人間の基本的欲求である食をおろそかに扱えば、必ずその反動が心身に影響を及ぼす。多くの施設では幸いにも栄養士が配置されており、ある面では、一般家庭以上に栄養のバランスや年齢に応じた量やカロリーに配慮がなされている。そのうえ、病人などへの特別食にも十分に対応できている。

　では、直接援助・支援する保育士など職員が心がけなければならないことは、まず食事の雰囲気づくりへの配慮であろう。つまり、いかにくつろいだ雰囲気の中で食事ができるかである。建物の構造上、多くの子どもが1か所の食堂に集合し、けん騒の中で慌ただしく食事をとっている実状もあるが、可能な限り、集団を小さくしたり、または時間帯を年齢に応じてずらすなどの工夫を重ねるというような食事環境を整える努力をしなければならない。さらに、できるだけ食事をおいしく食べるためにも、栄養士や調理員と連携して適温食を出せるよう工夫しなければならない。

　その他、食事マナーの習得や食前の手洗いの励行など、衛生面の指導、定期的な嗜好調査など取り組むべき内容は多岐にわたる。

さらに将来への自立に向けて、食事を人任せではなく調理体験を自ら経験させる必要がある。それも単に調理だけに終始するのでなく、献立や予算の検討に始まり、食材の購入、調理の実際まで一連の流れを訓練することに意義がある。

この体験を通じて調理技術の習得だけでなく、栄養バランスやカロリーなどへの関心を高めたり、食事をつくる人への感謝の念など、その効用ははかりしれないといえる。

(3) 住

住空間の基本は、一人ひとりの子どもの空間確保に配慮することである。空間の確保は安らぎ、つまり精神の安定につながる。

2016（平成28）年の児童福祉法改正[*2]を受けて、「新しい社会的養育ビジョン」がとりまとめられた。その中で代替養育における「家庭と同様の養育環境」について、施設養育の小規模化・地域分散化が改めて示された。

具体的には、今後計画される施設の新築や改築、増築の際には小規模でかつ地域分散化された施設の設置を優先して進めていくこととなった。つまり「良好な家庭環境」を確保するため、従来の大舎・中舎・小舎制の施設形態ではなく、地域の民間住宅などを活用して家庭的養護を行う「地域小規模児童養護施設」、地域において小規模なグループで家庭的養護を行う「小規模グループケア」（図3-1）など施設を小規模化した形態が進められるようになっている。

このような生活空間を有した施設が増えることにより、大舎制等で抱えていた課題の一つである、子ども一人ひとりの「プライバシーの確保」が可能となっていく。さらには、設備面でタンスや学習机など共用設備が大半を占めていたため、個々人の所有感が醸成せず、どうしても乱雑に扱い破損させたりすることが多く見受けられた。この点も施設を小規模化することにより、日々の生活を通じて、その所有意識が高まってきている。

2017（平成29）年現在、「小規模グループケア」は1,620か所、「地域小規模児童養護施設」は391か所と年々増加してきているが、児童養護施設の定員総数からみれば、これらの施設を利用している子どもは全体の1割程度である。今後、施設の小規模化は加速していくであろうが、さまざまな課題解決に向けた取り組みも同時進行で進めていかねばならない。

(4) 保健・衛生

子どもが健全に成長、発達するためには、日常生活において「健康」でな

＊2　「児童福祉法」第3条の2の規定により、家庭において養育困難な子ども、または養育が適当でない子どもに対しては「できる限り良好な家庭的環境において養育されるよう」に国及び地方公共団体の責務としている。

図3－1　児童養護施設の形態

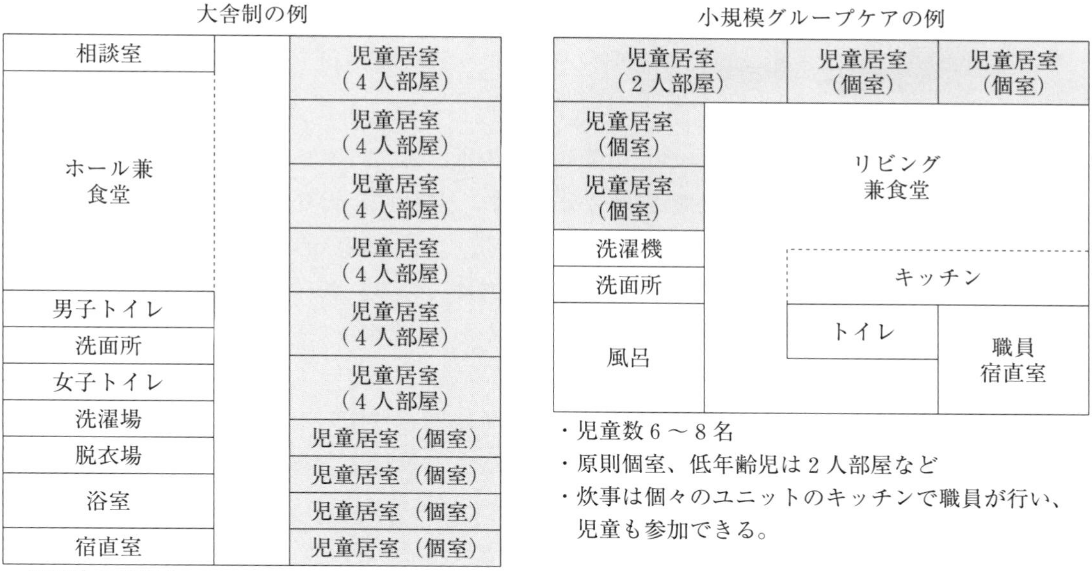

大舎制の例

相談室		児童居室 （4人部屋）
ホール兼 食堂		児童居室 （4人部屋）
		児童居室 （4人部屋）
		児童居室 （4人部屋）
男子トイレ		児童居室 （4人部屋）
洗面所		児童居室 （4人部屋）
女子トイレ		児童居室 （4人部屋）
洗濯場		児童居室（個室）
脱衣場		児童居室（個室）
浴室		児童居室（個室）
宿直室		児童居室（個室）

・児童数20名以上
・原則相部屋、高年齢児は個室の場合もある。
・厨房で一括調理して、大食堂へ集合して食べる。

小規模グループケアの例

児童居室 （2人部屋）	児童居室 （個室）	児童居室 （個室）
児童居室 （個室）	リビング 兼食堂	
児童居室 （個室）		
洗濯機		
洗面所	キッチン	
風呂	トイレ	職員 宿直室

・児童数6～8名
・原則個室、低年齢児は2人部屋など
・炊事は個々のユニットのキッチンで職員が行い、
　児童も参加できる。

出典：厚生労働省「社会的養育の推進に向けて（平成31年4月）」2019年　p.53

ければならない。むろん、この健康は身体的健康だけでなく、精神的な健康も兼ね備えている状態であることはいうまでもない。

① **身体的健康**

　「児童福祉施設の設備及び運営に関する基準」では第5条第5項に「採光、換気などの保健衛生及び危害防止への考慮」、同第10条には「衛生管理等」として「食器、飲用水の衛生的管理」「清潔を維持することができるよう適切な入浴、清拭」「医薬品、医療品の配備」および、同第12条には「入所した者及び職員の健康診断」として「入所時の健康診断、最低年2回の定期健康診断、臨時の健康診断の実施」を規定している。

　身体的健康は、規則正しい日常生活の上に成り立つ。その生活リズムを身につけさせ、成長とともに健康面での自己管理ができるように身体面で適度な運動、清潔感など身辺の衛生管理を習慣化させる配慮が必要となる。

　しかしながら、細心の注意を払っていても、疾病、けがは起こりうるものである。その対応として要求されるのが早期発見、早期対応である。施設職員は常に子どもの変化を敏感に察知する必要があり、そのためにも日常的に「視診」を起床時から就寝中まで取り組まねばならない。全身の状況（顔色、肌艶、動作など）のチェックや、食事の量、睡眠、排尿、排便状態などから、

いち早く異変に気付き対応できる能力が求められる。また、急性の疾病はもちろんのこと、慢性疾患についても嘱託医や医療機関との連携を図っていくことはいうまでもない。

② 精神的健康

　精神的健康について注目されたのは、ホスピタリズムの紹介に端を発する。これは、子どもが家庭から分離され、長期にわたり施設生活することにより起こる心身の発達障害症候群を指す。たとえば、心身の発達遅滞や退行、言語の貧困、無気力、無関心などがあげられる。さらには、入所前後の母性的養護の欠如（母性剥奪＝マターナル・ディプリベーション）との関連性も指摘された。

　しかしながら近年では、施設入所によって与えられる心身の影響よりも、入所前に虐待など保護者から不適切なかかわりを受けた影響による「心的外傷」（＝トラウマ）への対応が急務となっている。それを裏付けるように、2013（平成25）年における「児童養護施設入所児童等調査」では「特に指導上留意している点」について「心の安定」が児童養護施設、母子生活支援施設、自立援助ホームで第1位となっている。したがって、「心の安定」を図るために心理療法担当職員の配属や小規模施設設立の取り組みが進められており、各施設が精神的健康の保持・向上に努めている。

(5) 性教育

　性教育については、以前から性教育不必要論や性欲を倫理的、道徳的に抑制させる禁欲主義的な面からとらえた教育論、性を科学的に理解し誤解や偏見をなくす教育論など、その是非とあり方の議論は盛んに行われてきた。

　子どもの心身の急速な成長・発達が第2次性徴を加速させ、社会的にも性に関する情報の氾濫や少女売春の横行など性の解放が突き進んでいる。このような社会背景の下、施設入所する子どもは、すでに家庭環境の悪影響からもたらされる不健全な性知識や性行動を有している場合がある。

　よって、性教育については、すでに一般家庭や学校だけの教育にとどまらず、施設においても導入されているところが増えている。

　施設職員は、子どもの年齢や成長段階に応じて性に対する正しい知識を与える機会を設け、生命に対する尊厳や自分自身を大切にしたり、他者に対する思いやりを根づかせるために、毅然とした態度をもって教育しなければならない。特に思春期における肉体的変化、生理的変化の特質を科学的に説明できるよう最低限の学習も施設職員には必要となろう。

(6)　小遣い

　施設で生活を送る子どもには「生活指導訓練費」と称する小遣いが支給されている。将来の経済社会の中での自立生活に備え、金銭を通じて物品などを購入する経験を積むことは、子どもに経済的観念を身につけさせ、さらにはさまざまな「もの」に対する価値観を芽生えさせることに寄与する。

　とかく施設生活では、食料品や日用雑貨、学用品などは職員を通じて一括購入され、子どもの目が届かないところで購買がなされている。一般家庭では保護者に同行して「買い物」を経験し学習するが、施設の子どもはその経験が希薄となる。つまり、身の回りのあらゆる「もの」は常に用意されており、いつでも手に入ることができると誤解を招きやすく、「もの」に対する価値観がなかなか身につかず、金銭についても経済状況を考えることなく、使い果たしてしまうことがある。

　したがって、年齢に応じた買い物をする機会を設け、物品の価格やその変動への理解、並びに小遣い帳の記載を通じて計画的に使用する訓練に取り組まねばならない。また、許容できる範囲で高年齢児（高校生など）はアルバイトする機会を与え、就労の経験と同時に、金銭の価値をまさに身をもって学習させることも必要になろう。

3．学習指導

　教育基本法第4条において「教育の機会均等」が定められ、そこに「すべて国民は、ひとしく、その能力に応ずる教育を受ける機会を与えられ」と規定している。劣悪な家庭環境の影響により学習機会が十分に与えられなかった子どもに対する学習保障は、社会的自立をめざすためにも不可欠となる。ここでの学習は学校教育を補完する予・復習など、施設における学習指導をいう。

(1)　学習環境の整備

　まず最初に学習環境の整備である。学習に集中できる場所としての学習室の確保であるが、多くの施設は居室が寝室兼居間兼学習室に設計されている。集団生活であるため、または設計上の理由からそうせざるを得ない場合もあろうが、可能な限り学習室は独立させるべきである。居室では複数の子どもが生活しているので、どうしても学習に集中しがたい環境になる。学習室を独立させることにより日常生活空間と学習空間が分離され、気持ちの切り替えが可能になる。次に個々の学習机の確保である。机についても共用してい

る場合もあるが、これも可能な限り個人の机を用意すべきである。また、学習室には年齢に応じた参考書や辞書などが準備されていることが環境整備の条件となる。

(2) 学習指導内容

　続いて具体的な学習指導内容についてである。学習意欲が確立していなかったり、喪失したりする子どもへの指導は基本的に個別学習が必要となる。もちろん、職員数の関係で1対1の個別学習を実施することは現状では困難であろうが、これにかわる合理的な方法として学習進行度に応じた学習指導の活用がある。

　ほぼ同程度の学力をもつ子どもをまとめて指導することで、効率性を図ると同時に互いの意欲をかきたてる効果が期待できる。だが、個々の子どもの学力だけでまとめて指導しようとすれば、子どものもつ性格の関係によってうまく学習指導が展開しない場合もあろう。その場合は職員以外の人材、すなわち、学習ボランティアの導入が必要となる。

　こういった地道な取り組みを重ねることで、失われかけた学習意欲を回復させたり、基礎学力の習得を保障しなければならない。

(3) 学校との連携

　施設における学習指導だけでは、その学習効果は期待できない。したがって、子どもが通学する各学校との連携も不可欠となる。学校の担任との連絡を密接にし、一貫した学習指導の確立に努めなければならない。その効果をさらに高めるために施設職員が積極的に学校に出向き、たとえば、授業参観、懇談会への参加、またはPTA活動に関与することで学校の教職員や地域の保護者との連携を深め、施設や学校、地域が一体となった子どもへの学習指導が盤石になろう。

　学習指導に関連して、中学3年生の進路指導についても同様に、施設のみならず学校や保護者並びに関係機関が連携すれば、子どもにとっての最良の進路保障を可能にするのである。

4．余暇活動

(1) 余暇活動の意味

　子どもは衣・食・住をベースに、施設での日課（デイリープログラム）をこなしている。当然ながら、日々単調な日常生活を過ごすだけでは最低生活

の保障は実現できるが、それだけでは無味乾燥的な人間に陥ってしまう。

　豊かな人間性を養うためにも、日常生活のアクセントは必要不可欠となる。そこで施設生活で注目すべきは余暇活動である。この余暇活動の取り扱い方が、子どもにとっての施設生活を大きく左右するといっても過言ではない。

　つまり余暇活動とは、通常の定められた日課にしたがうという流れとは対照的に、子どもが心身ともに束縛されない、自由で自発性や社会性を育てることを可能にする活動であるといえる。

　余暇活動の内容についてはさまざまな形態が考えられるが、ここでは「遊び」と「レクリエーション」および関連する活動として「自治会活動」に関して解説する。

（2）　遊び

　遊びは緊張を解きほぐし、自由で創造的な活動力を養い、豊かな感情や情操の発達を促し、他者への関心や思いやりなど協調性、社会性をも涵養する（かんよう）とされている。まさに人が人間らしく生活するための原点となる。

　遊びは子どもの年齢に応じて、大人より提供されたり、子ども同士で生み出されたり多様な展開を示す。そのためにも施設において心がけねばならないのは、子どもが自発的に遊ぶことのできる環境整備である。

　たとえば、園庭の確保や遊具の設置である。この点は施設の敷地面積の関係で十分に確保できない状況もあろうが、整備には最大限の努力が求められる。それが不可能ならば、近隣の公園やグラウンドなどの活用が必要となる。

　次に、遊びを提供する大人の必要性である。昨今の子どもは遊び方を知らず、ついつい無為に過ごしてしまう傾向にあるといわれている。さらに追い打ちをかけるように、TVゲームの影響により室外遊びより室内遊びにそのポジションを移行させている。

　室内遊びに移行することで身体をつかった遊びが激減し、子どもの体力にも明らかに低下現象が見受けられている。室外遊びを復活させるためにも、大人の導きが要求されるのである。ただ、留意しなければならないことは、大人はさまざまな遊びを導入する段階までの役割であると認識しなければならない。なぜなら大人が遊び全体を支配するのではなく、きっかけを提供し、あとは子どもの自主性や創造性に委ねるためである。そのためにも、施設職員は遊びを指導できる能力を身につける必要がある。

（3）　レクリエーション

　レクリエーションは、遊びと同様に子どもに対して心身の成長・発達に欠

くことのできない活動である。他方、レクリエーションは遊びと比べてより目的を明確にし、計画に基づいて展開される活動であるといえる。

　施設で代表されるレクリエーションは、年間を通じて行われたり、不定期に行われる「行事」であろう。「子どもの日」や「月見」「節分」など、四季折々に繰り広げられる行事をはじめ、毎月々に実施される誕生会などがある。不定期には、外部の各種団体からの招待行事などがある。

　既に述べたように、レクリエーションは目的が明確で計画的に取り組まれる活動であるため、例年行われるがゆえに惰性となったり、マンネリ化に陥ってはならない。常に子どもの状況やニーズを把握し、子どもの意見を積極的に受け入れる姿勢が大切である。

　つまり、可能な限り行事の立案段階より子どもを参加させ、行事は自分たち自身のためのものであるという認識をもたせることが肝要となる。子どもを行事づくりに参加させる効果は、まさに連帯感や達成感の醸成につながるのである。

　レクリエーションは、行事の他に多くの施設で取り組まれている「クラブ活動」もあげられよう。野球やサッカーなどのスポーツ系から、絵画、書道などの文化系など、その範囲は広い。クラブ活動に関しても、子どもの自主性、自発性を念頭におき、決して強制やお仕着せの活動にならないような配慮を要する。また、指導者については施設内はもとより、施設外からも専門家の協力を要請し、実りある活動が展開できるように努めるべきである。

（4）　自治会活動

　最後に余暇活動として位置づけられるのが「自治会活動」である。集団生活が前提となる施設では、その時代や社会的背景の影響を受けて、日課や行事など日常生活の見直しや改善を図る必要性が生じてくる。

　本来は受動的な立場にあった子ども観が変容し始め、積極的に自分たちの施設生活そのものをより快適に過ごすために、能動的な意見が求められる趨勢になりつつある。その意見が表明され、検討される場が自治会活動となる。従来は形式だけの自治会活動も多くみられたが、子どもの権利擁護の立場から本来の目的である活動に転換されつつある。よって、自治会活動は自由に意見交換ができる場が保障され、誰しもが意見を述べ、その意見が施設生活に反映される役割を担う活動とならなければならない。

5．家庭調整

（1）　在所期間の長期化傾向

　いうまでもないが、子どもが施設に入所し、親子分離するだけで入所前に抱えていた問題が解決するわけではない。子どもが施設に入所したその時から、親子の再統合に向けての取り組みが始まるのである。つまり、子どもや保護者が抱えていた問題解決には、家庭調整・親子調整が必要になるのである。

　「児童福祉施設の設備及び運営に関する基準」では、児童養護施設の長に対して、通学する学校や児童相談所などの関係機関と連携し、子どもへの指導および家庭環境の調整が義務付けられている。この規定が定められる以前から、児童養護施設等では親子の再統合に対する働きかけはなされていたが、その努力とは裏腹に子どもの施設在所期間は長期化傾向を示している。2013（平成25）年における「児童養護施設入所児童等調査」によれば、児童養護施設の平均在所期間は4.9年で前回調査より0.3年伸び、その他の情緒障害児短期治療施設（現：児童心理治療施設）、児童自立支援施設、乳児院などの施設児童の在所期間は長期化傾向にある流れは変わっていない。この調査からも明らかなように家庭調整、親子調整、つまり親子の再統合には相当の努力を要するのがうかがえる。

(2) 計画的な家庭調整の必要性

1998（平成10）年に厚生省（現：厚生労働省）より「児童養護施設等における入所者の自立支援計画について」が通知された。児童相談所と措置される施設側が援助計画並びに自立支援計画を策定・実行することで、親子の再統合に向けた一貫性、連続性のある支援の取り組みを定めたのである。

これまでは、子ども、保護者、施設、児童相談所の連携は必ずしも密接な関係であったとはいえず、むしろ歯車がかみ合わないことも散見されていた。今後は子どもが施設に入所中であっても、保護者も養育責任を果たせるように援助計画、自立支援計画に参加してもらうことで、家庭調整・親子調整の進展が大いに期待されるところである。

家庭調整・親子調整を進めるために、最も基本となるのが親子の面会、外出、帰宅、通信（電話、手紙など）である。また、施設行事や通園・通学している幼稚園や学校行事参加もある。保護者の足が子どもや施設から遠のけば、親子関係が希薄化するのは自明の理である。よって、施設および児童相談所は連携しながら、その時々の親子の状況を勘案した上で、接点の場を積極的につくらねばならない。

それと並行して、施設と児童相談所は自立支援計画の再評価作業を適宜実施することで、子どもの自立支援や親子の再統合という家庭調整・親子調整の目的が達成されるのである。

1999（平成11）年度より、施設内で家庭調整を担う役割として「家庭支援専門相談員」（ファミリーソーシャルワーカー）が配置された。また同年度には「心のケア」を担当する専門職員である「心理療法担当職員」の配置も行われた。その後も被虐待児の対応として2001（平成13）年度より「個別対応職員」、さらには里親支援の充実を図る目的で2012（平成24）年度より「里親支援専門相談員」の配置を認めるに至っている。

また、2017（平成29）年に公表された「新しい社会的養育ビジョン」では、永続的解決（パーマネンシー保障）の徹底、代替養育や集中的在宅ケアを受けた子どもの自立支援の徹底等を掲げ、目標年限を設定して計画的に進めることとなった（表3－1）。

表3－1　新しい社会的養育ビジョンで示された目標年限の例

・遅くとも平成32年度までに全国で行われるフォスタリング機関事業の整備を確実に完了する。
・愛着形成に最も重要な時期である3歳未満については概ね5年以内に、それ以外の就学前の子どもについては概ね7年以内に里親委託率75％以上を実現し、学童期以降は概ね10年以内を目途に里親委託率50％以上を実現する（平成27年度末の里親委託率（全年齢）17.5％）。
・施設での滞在期間は、原則として乳幼児は数か月以内、学童期以降は1年以内（特別なケアが必要な学童期以降の子どもであっても3年以内を原則とする）。
・概ね5年以内に、現状の約2倍である年間1,000人以上の特別養子縁組成立を目指し、その後も増加を図る。

出典：厚生労働省「社会的養育の推進に向けて（平成31年4月）」2019年

●考えてみよう！
①　児童養護施設におけるさまざまな日常生活援助の中で、特に保育士が中心となって行わなければならない援助・支援、もしくはケアを整理し、その留意点をまとめてみましょう。
②　施設の行事（レクリエーション）の年間予定と、それぞれの行事の意味、目的を立ててみましょう。

2　障害児入所施設における基本的な支援

1．はじめに―障害のある人とノーマライゼーション―

　障害のある人々への施設養護の理念は、これまでの歴史的経過を区分すれば次のように分けることができるであろう。
①　保護の時代
②　自立更生の時代
③　ノーマライゼーションの時代

　かつての障害者は、子どもや高齢者と同様に労働能力をもたない厄介な者、つまり、社会全体の「お荷物」として一般社会から分離されてきた。やがては障害を克服し、社会適応をめざすように更生させるというとらえ方に変遷した。

　しかしながら今日では、障害があったとしても、一般市民と分け隔てなく

社会経済生活に参加する機会が保障されるようになったのである。すなわち、ノーマライゼーションの理念である。

ノーマライゼーションの基本理念については、1979（昭和54）年、第34回国連総会にて決議された「国際障害者年行動計画」の次のくだりに表明されている。

「ある社会がその構成員のいくらかの人々を閉め出すような場合、それは弱くもろい社会なのである。障害者は、その社会の他の異なったニーズをもつ特別な集団と考えられるべきでなく、その通常の人間的なニーズを満たすのに特別の困難をもつ普通の市民と考えられるべきである」。

この理念は、障害のある者が社会にいてこそノーマルであり、これまでのように分離したり、また一般のいわゆる健常者に近づけるような努力をさせたりするのではなく、社会的不利（handicap）を有する一市民として、障害のある者を位置づけている。

これは単に社会における障害のある者のみでなく、施設生活を送る者についても同様にとらえなければならない理念となる。障害児入所施設における基本的な支援の根底には、この理念が基づいていることを忘れてはならない。

また、障害児入所施設は、以前は大まかにいえば身体障害児および知的障害児施設に分類されていたが、2012（平成24）年の児童福祉法改正によって「障害児入所施設」に一元化された。この流れを汲み、本来それぞれの障害別・程度別に解説するのが適切ではあるが、本節は障害児入所施設の支援を総合的にとらえて解説していることを最初にお断りしておきたい。

2．日常生活支援

日常生活支援は、すでに述べたように児童福祉施設のみならず、社会福祉施設全体に共通する支援となる。よって、社会的養護施設で解説した内容がベースとなるため重複するところは避け、障害児入所施設独自の内容に絞りたい。

(1) 衣

衣服を単なる身体の保護や体温の維持という目的ではなく、個々人の個性（※障害別、程度別のこと。以下同様とする）に合わせた衣服を選択・購入すべきである。つまり、職員が一人ひとりの個性を十分に把握した上で衣服を準備する必要がある。

たとえば、衣服の着脱に支援が必要な場合は、あまり本人の負担にならな

いような止め具類（ホック、ファスナー、ボタン）の衣服を準備する。また衣服の着脱は可能な限り子ども自身がしなければならないのが基本だが、片マヒのある子どもへの着脱支援の際などには、着るときはマヒの側から、脱ぐときはマヒのない側からというような支援を心がけたい。さらには、着脱を容易にする道具として自助具の活用が必要となろう。

　清潔感覚を養うためにも、洗濯や衣服の整理整頓に対しても個々人に応じて支援しなければならない。整理整頓には衣服の自己管理のためにも、また他の子どもの衣服と区別をつけるためにも、目印を入れたり、記名したりなどの配慮も行う。

(2) 食

　食についても個々人の個性への配慮が必要となる。嚥下困難、咀しゃく困難など身体状態や嗜好などに応じて普通食、きざみ食、アレルギー食などの準備が必要となる。もちろん食事内容に制約があれば、盛りつけなど見た目に美しい最大限の配慮を要するのはいうまでもない。

　また、入所前から偏食や不規則な食生活をした習慣からなかなか抜け出せず、支援が困難な場合もある。このような場合は本人の嗜好を考慮した上で徐々に食事改善を図ったり、規則正しい生活リズムを身につけられるような支援が必要である。

　食事については、食事動作上、どの部分に支援が必要なのかを見定める必要がある。たとえば、食事の道具（はし、スプーン、フォークなど）は、どれが使用可能か、ご飯やおかずなど切ったり、分けたり、刺したりなどは可能かどうか、口に入れての咀しゃくはどうかなど、個性に応じた支援が求められる。あわせて自助具も積極的に活用して、自立へ向けた試みを行う必要がある。

(3) 住

　近年では、高齢社会の本格的到来に伴い、身体障害のある者も取り込んだ理念、つまり「バリアフリー」から「ユニバーサルデザイン」が定着しようとしている。建物構造をはじめとする町づくり全体構想の中で、誰もが住みやすい社会を築くのである。

　障害児入所施設では手すり、廊下の幅、スロープ、エレベーター設置、身障用トイレなど、個性に応じた設備が配置されているものの、ユニバーサルデザインに基づいた配備が今後、施設内でも追求されなければならない。

　また、住空間についても社会的養護施設と同様に、高年齢児にはできうる

限り少人数制の居室空間の確保が必要となる。しかし、その前に着目しなければならない点がある。障害児入所施設の住空間の規定は、児童福祉施設の設備及び運営に関する基準において、児童養護施設と同様に1人につき4.95㎡以上と規定されている。その他、医療を要する医療型障害児入所施設などに関しては医療法に基づく基準が規定されている。問題は児童養護施設で生活する、いわゆる健常児と障害児が同次元で規定されている点である。住空間が同次元で規定されていては、社会的不利を解消する以前の問題となり、ノーマライゼーションの理念に反しているといわざるをえない。

　その他、学習机、タンスなど共有使用は可能な範囲で避け、個人用の備品配備も求められる。

(4) 保健・衛生

　保健・衛生についての基本は、社会的養護施設と同様な配慮が必要となる。だが、障害のある子どもの場合留意しなければならないのは、いわゆる健常児のように病気やけがに対して職員に訴えることがむずかしい子どもがいる点である。医療的援助を要する医療型障害児入所施設などは、医療法に基づき医師等の配置が規定されているが、それ以外の施設は嘱託医の配置のみにとどまっている。よって、特に知的障害のある子どもで重度状況にある場合は注意しなければならない。やはり早期発見・早期対応に対処するためには、施設職員の日常からの細心の「視診」が望まれる。

　その他、口腔衛生についても指摘しなければならない。機能障害などから起因する場合など、どうしても口腔衛生への対応に遅れることがあり、歯科的疾患をもつ子どもが多く見受けられる。口腔衛生対応は日々の食事や歯磨きなどの援助・支援および視診が基本となる。

　保健・衛生について障害児入所施設の場合は、このように、医療系職員と保育士など福祉系職員との連携が、より一層求められるのである。

3．余暇活動

　施設生活にアクセントをもたすためにも、余暇活動は障害児入所施設でも有効な手段となる。基本的な支援は社会的養護施設と同じである。ただ、身体および知的障害があるため、前提としてはそれぞれの障害に配慮した工夫がなされなければならない。また、職員主導の流れに陥る場合も見受けられるので、できうる限り、子ども主体の姿勢で臨むことも肝要である。

　たとえば、レクリエーション行事でどこかへ出かける企画があるならば、

職員がすべての段取りをするのではなく、子どもの意見をとりいれ、普段経験できないことをあえて企画するなど、積極的なプログラムづくりを試みる。職員不足ならば、ボランティアの協力も仰ぐ必要があろう。

　施設内では体験できない取り組みが子どもに及ぼす影響は、はかりしれないほど大きいものとなる。

4．療育支援

　障害児入所施設では、それぞれの障害に応じた療育支援が必要となる。たとえば、知的障害を有する場合、知的障害の原因を明らかにし、早期に対応し、必要なときは感覚機能訓練（設備や教材、道具を活用し、遊びを通じて視覚、聴覚、触覚、臭覚などに感覚刺激を与える）、運動機能訓練（トランポリン、跳び越し台などを使い、全身の運動機能を刺激する）などを活用した支援である。

　また、肢体不自由児への療育は、医療面から整形外科的手術など医学的処置を前提としたものや、残存機能の維持・向上を図るために補助具の活用、日常生活動作（ADL）の基礎訓練などが求められる。

　このように療育支援は、福祉職員の領域に加えて医師、看護師、理学・作業療法士などの医療専門職との密接な連携が必要となる。


```
●考えてみよう！
① 　知的障害や身体障害、重複障害など、障害別の日常生活の支援の留意点をま
　とめてみましょう。
② 　障害のある子どもとその親（保護者）の気持ちを考えた上で、自立支援の方
　向性（施設で暮らすこと、地域や自宅で暮らすことなど）を話し合ってみましょ
　う。
```


3　生活プログラムの作成

　それでは、次に具体的な生活プログラムを想定し、子どもに対する支援を考えてみよう。基本的な生活プログラム内容は、すでに社会的養護施設のところで項目別に説明をした。ここでは、入所型施設の1日の基本的プログラ

ムの流れと施設職員の支援内容を示すので、幼児や高学年、被虐待児等を想定した支援の留意点を入れていこう。

●基本的プログラム（午前中）

生活プログラム	職員の支援内容	支援の留意点
起 床	・居室の換気 ・起床を促す声かけ ・子どもの健康状況チェック ・布団などの片づけおよび着替え	
洗 面	・洗面と歯磨きおよび整容	
朝 食	・手洗いの励行 ・食事準備の手伝い ・食事マナー配慮、食事中の雰囲気づくり ・食事の後片づけ、テーブル、イスなど付近の清掃	
登 校 ・ 登 園	・準備物などの最終確認 ・服装などの確認 ・個々人への声かけ ・集団登校引率の場合は安全確認や登校マナーへの配慮 ・学校等への欠席、遅刻、早退の連絡	
職員ミーティング	・1日の確認と宿直者よりの引き継ぎ事項	
分 担 業 務	・居室等の清掃作業、室内外の整理整頓 ・記録の整理、報告 ・行事の企画・立案・準備 ・洗濯、補修、アイロンがけ、衣類の確認 ・学校、児童相談所など関係機関との連絡・調整 ・保護者との連絡・調整 ・病人がいる場合は通院や看病 ・施設内保育の場合は保育の実施	
昼 食	・朝食に準じる	

●**基本的プログラム（午後）**

生活プログラム	職員の支援内容	支援の留意点
下　校　・　降　園	・居室などで下校・降園受け入れ待機 ・下校・降園した子どもへの声かけ ・鞄、学用品などの片づけ ・学校からの連絡事項の確認	
自　　由　　時　　間	・友人宅等への外出 ・施設内でのリラックスタイム ・高年齢児には洗濯、補修の援助 ・保健衛生	
清　　　　　　　　掃	・担当場所の掃除	
夕　　　　　　　　食	・朝食に準じる ・嗜好調査	
入　　　　　　　　浴	・入浴援助、入浴マナーの確認 ・下着等の交換への配慮 ・熱湯に対する注意	
学　　習　　時　　間	・宿題、予習・復習など学習援助	
自　　由　　時　　間	・TV鑑賞、読書などリラックスタイム ・子どもとの雑談や相談	
就　　　　　　　　寝	・戸締まり ・明日の準備 ・歯磨きの励行 ・寝具の準備、着替え	
宿　　直　　業　　務	・安全確認、施設内巡回 ・夜尿児・病児への対応	

〈**参考文献**〉

公益財団法人児童育成協会監修、相澤仁・村井美紀・大竹智編『社会的養護Ⅱ』中央法規出版　2019年
新保育士養成講座編纂委員会編『社会的養護（改訂3版）』全国社会福祉協議会　2018年

第**4**章

◆ ◆ ◆　　こころの支援　　◆ ◆ ◆

キーポイント

　親の死亡、病気、失踪、生活上あるいは養育上の困難など、家庭の事情や子ども虐待等の理由で施設に入所する子どもたちは、入所以前の家庭環境や家族との関係からさまざまな影響を受けている。時として、それは子どもの健全な成長発達にとって適切でないものや、そのような体験から心に傷を抱える子どももいる。さらに、子どもにとっては家族との分離、生活環境の変化といった施設入所そのものが大きな『喪失体験』となっている場合もある。
　施設において、こうした子どもたちを受け入れケアするとき、子どもたちのもつ傷を癒し、心の安定を図ることが求められる。ここでは、日常的な施設での生活場面における職員（特に保育士）と子どもとのかかわりにおいて、子どもの心の安定を図り、大人との信頼関係を回復し、子ども自身がもっている自立への力をより発揮できるような支援について学習する。

1　こころの支援とは

　子どもの健全な成長発達への支援とは、落ち着いた生活環境において、安定した特定の大人とのかかわりをもち、日常的な生活場面でのさまざまな体験を通して自立していくプロセスを支援することである。通常、子どもはその生命の誕生を無条件に受け入れられ、生命を維持するために必要なケアを受け、家族を中心とした温かな人間関係の中で愛情を注がれて、身体的にも情緒的にも成長し、社会性を身につけていく。
　また、乳児から幼児へ、そして学童期へと成長するに伴って、家庭外での社会的な体験が増え、保育所・幼稚園・学校等の社会的関係における人間関係や、そこで提供されるさまざまなプログラム体験が子どもの成長に大きく影響を与える。
　社会的関係の中で子どもがさまざまな活動を体験するときに、ストレスや葛藤を乗り越え意欲をもって取り組めるためには、生活の基本となる家庭での安定した人間関係や家庭生活における安心感が必要である。家庭生活にお

ける家族関係の営みは、多くの場合、子どもにかかわる大人（親）にとって、日常生活の中で無意識的に、自然に行われている場合が多い。しかし、子ども虐待をはじめとする不適切な養育環境におかれた子どもたちの状況をみると、このような無意識的な大人とのかかわりが、子どもの情緒の安定や自立への力に悪影響を与えていることは、関係者が痛感するところである。

　施設が家庭の代替機能をもつということは、子どもたちの生活の場所としての物理的な環境を用意することにとどまらず、本来、子どもが家庭生活の中で体験する家族関係にかわって、施設内での職員との関係、あるいはともに生活をする子ども同士の関係を通して情緒的な安定を図り、こころの成長を促す機能もあわせてもつことである。そしてそれは、過去の体験における傷を癒し、今の生活を安定させ、自立に向けての支援として、連続性をもったものでなくてはならない。

　本章では、施設生活の中で営まれる日常的な職員と子どもとのかかわりを意識化するとともに、子どもへの適切なかかわり、特に情緒的な支援を通した、一人ひとりの子どもの自立への支援、子ども同士の関係調整を含め、適切な人との関係を築くために行われる支援を総称して「こころの支援」と呼ぶことにする。

2　施設養護におけるこころの支援

1．安全と安心の保障

　子どもが心身ともに健全に成長するためには、安全な生活環境において安心感をもって生活することが必要である。

　子どもにとって安全な生活環境とは、一定の生活リズムを保障し、危険から守られる生活環境が与えられ、健康的・文化的な生活を営むのに必要な具体的な支援が、信頼できる大人から与えられることである。毎日の生活において、身体的発達や健康維持のために必要なケアは、それを提供する人やともに生活する仲間との温かで落ち着きのある関係に支えられていなければならない。こうした日々の営みが継続的に提供されることによって、子どもの情緒が安定し、自立に必要な社会的関係を形成する力や具体的な生活技術が身についていくのである。

　気持ちよく目覚め、身支度を整え、朝食をとり、その日の活動を行う。夕

食、入浴、団らん、そして就寝という生活の流れの中で、子どもが安心して過ごすことができ、自分が大切にされているという実感をもつことが、生活の基本である。その生活のさまざまな場面においてかかわる保育士は、一人ひとりの子どもの状況を見極め、適切な言葉かけや具体的なケアを通して、子どものこころが安定するよう心がけねばならない。

　子どもの日常生活にかかわる大人は、子どもが自立する過程で経験する葛藤や不安、失敗の体験を受けとめ、子ども自身が「その子らしくあること」を受け入れながら、子どもの年齢や能力に応じて、生活技術を教え、自立への準備を支援するのである。

　施設に入所する子どもたちは、入所以前の家庭環境や家族との関係において、子どもの成長発達に必要な保護を十分に受けることができなかったケースが少なくない。ネグレクト（育児放棄）を含む子ども虐待は、その典型的な例であろう。不規則な生活や不安定な人間関係、身体的・心理的に与えられる暴力等によって、生活に対する意欲・積極性や自己表現能力を阻害された子どもたちもいる。彼らはともに生活する仲間や職員に対して攻撃的な態度をとるかもしれない。あるいは心を閉ざしてなかなか打ち解けようとしないかもしれない。そうした子どもたちに対して、その表面的な言動にとらわれて対応するのではなく、彼らの心の中の声に耳を傾けながら対応することが必要である。

　子どもにとっての施設生活は、入所以前に阻害され、傷つけられたものを癒し、回復し、本来子ども自身がもっている自立への力を最大限引き出すものでなくてはならないのである。

２．個別化

　施設は、共通のニーズをもつ利用者や子どもたちが集団で生活する場であるが、一人ひとりの子どもやその家族が抱える課題、解決のゴールは一様ではない。また、一人ひとりの性格や好み、特性も違う。

　このような個別の状況や個性を踏まえて、それぞれに応じたケアを提供していくことを「個別化」という。つまり、一人ひとりの子どもたちの状況やそれに影響を与えている入所以前の生育歴、家族との関係等を総合的に判断しながら、その子どもにとって、今どのようなかかわりが必要であるのか、この時期に重点的に取り組むべき課題は何かを意識しながら、日常生活場面でのケアを通して実践していくことである。

　同じような体験をもつ子ども同士であっても、その体験をその子ども自身

がどのように受けとめ、その体験から何を感じ、具体的にどのような影響を受けているかは、一人ひとりの子どもによって異なる。家庭的な事情で家族による養育を受けることができないという共通の課題をもつ子ども同士であっても、施設入所という事実に対する受けとめ方、施設生活への期待や家族への思いは、一人ひとり異なっている。

　また、それぞれのケースが施設入所を通してどのような問題解決を図り、何をゴール（解決の目標）とするかも異なっている。施設入所という社会的保護の結果、期待されるゴールに対して、今、この子どもにとって日常生活の中での具体的に必要な支援は何かを、常に明確にし、意識化してかかわることが必要である。

3．愛着関係形成への支援

(1)　愛着関係の形成とは

　子どもは生まれてすぐに、主に母親との関係を中心とした愛着関係を通して自己概念を発達させ、やがて社会性を身につけ、自立に必要な準備を行う。子どもが社会生活の中で人間関係を築き、自立していくにあたって、乳幼児期からの愛着関係が重要な意味をもつことは、メラニー・クラインやジョン・ボウルビィらの研究によってよく知られているところである。つまり、親の死亡・不在等による愛着対象の喪失や、親からの養育拒否などの理由で、愛着対象をもてない状況にある子どもは、現実的な生活のケアを受けられないばかりではなく、自立に必要な自己肯定感、意欲、主体性の形成にも支障をきたすことになる。

　施設入所による親との分離体験だけでなく、入所以前の生育歴において、家族関係を中心とした人間関係形成の過程や分断の経験の有無を知ることは重要である。特に乳幼児期における養育者と子どもとの関係、養育の状況は、その子どもが社会的関係を築く力の基礎になる。施設生活や通学する学校・地域の中での人間関係の不適応や自立のための社会性に乏しい場合、今、表出されている問題のもとになる要因を探り、本来培われるべき時期になしえなかった経験のやり直しが必要になってくる。

　愛着関係の形成が十分でない子どもには、（可能な場合には）親との愛着関係の再形成を支援することが必要であり、親がそれに応じることのできない状況にある場合には、親にかわる養育者との間に愛着関係を形成することが必要である。

　親との愛着関係形成ができている子どもには、施設入所によって親と引き

離されてしまったこと（分離体験）へのケアと、物理的に離れて生活する親子の関係継続を支援する働きかけが求められる。

　先に述べた「個別化」とはまさにこのことであり、保護者との交流について一律のルールに沿って行う（たとえば指定された日のみ面会・外泊を行う）のではなく、早期の家族再統合をめざすケースでは、頻繁に交流の機会をもち、親子の関係性の継続と家庭復帰に向けた準備への支援を行っていく。また、保護者との交流は可能だが、家庭復帰といった具体的な見通しを立てることがむずかしいケースでは、親子の意向や状況を確認しながら、定期的な交流を通して親子関係の形成を支援していく。一方、保護者との交流がむずかしい状況の子どもには、里親委託を検討し、里親との交流を図ったり三日里親等を利用したプログラムを提供したりするなどの対応を行うなど、それぞれの子どもと家庭の状況に応じた対応がなされることになるだろう。

⑵　子どもの発達と愛着形成

　アメリカの児童精神科医マーガレット・マーラーは、子どもの発達を「分離・個体化の過程」であるとし、０歳から３歳までを「第一の分離・個体化段階」としてとらえている。分離・個体化とは、子どもが成長する過程において、親への依存から分離し、一人の独立した人格として発達することを意味する。この分離の過程がスムーズに行われないと、自立という個体化の過程に支障をきたすことになる。

　以下に、子どもが愛着対象のイメージを内在化させることのできる３歳までの発達段階において、子どもが愛着の対象に対してどのような認識をもち、どのような影響があるのかをみてみよう。

①　共生期

　母親の胎内で母親と共生していた子どもは、出産によって母親と分離されるが、生後間もない乳児は、母親と自分との境界をもたず、母親との一体感の中で成長する。乳児からの空腹や不快感の訴え（泣く）に母親が応じる（授乳・あやすなど）という相互作用を通して、乳児が母親との一体感を心地よく感じることにより、「基本的信頼関係」が築かれていく。この時期に適切なケアを受けることができず、不安定な人間関係におかれた子どもは、自分の存在そのものに対する自信をもつことができず、根深いトラウマをもつことになる。

②　分離・個体期

　母親との一体感を感じていた乳児も、次第に自分が母親から独立した存在であることを認知し、別個の存在である母親と離れることに対する不安（分

離不安）をあらわすようになる。生後5、6か月を過ぎると、自分にとって安心できる親しい対象である母親とそうでない対象を区別し、いわゆる「人見知り」があらわれる。

「人見知り」は、子どもが単に生理的欲求から対象を求めるのではなく、慣れない対象への不安と親しい対象への愛着から、自分にとって親しく安心感のある特定の対象を求める行動である。言い換えれば、「人見知り」は子どもが自分の愛着対象を認識し、自ら意識的に対象を求める行動のあらわれである。

また、この時期の子どもは、母子関係の心理的不足を補う行動として、愛着対象の代理物（身近にある毛布やタオル等の感触のよいもの等）に執着し、それを取り上げられると激しく抵抗することがある。こうした愛着の代理物は乳児に限らず、形をかえてみられる現象であるが、通常3〜4歳くらいになれば、代理物を取り上げられても泣き叫んで抵抗することはなくなる。しかし、学童期になっても代理物を片時も手放せない状況があるときは、分離・個体化の発達にゆがみがあると考えられる。

③　**練習期**

1歳前後の子どもは、ひとり立ち、ひとり歩きをするようになり、自ら移動する力がつくと同時に、ハイハイでの移動に比べて格段に高い視点からものをみることができるようになる。探索活動が活発になり、母親の手を離れていろいろなことに自ら挑戦しようとする意欲が強くなる時期である。それまで介助されながらとっていた離乳食を一人で食べたがる、コップに添える母親の手を払いのけようとするなど、子どもが母親の手を離れて自立していく「練習」の時期である。

子どもの探索活動は、大人にとって都合の悪いことも多い。ティッシュやトイレットペーパー等を際限なく引き出す、わざとものを落としてその音を楽しむ、「自分でやる」と主張するもののスプーンやコップをうまく使用できず汚す、などがある。しかし、子どもはこうした活動を許容されることによって、主体性や意欲を身につけるのである。このような探索活動を厳しく叱られたり、禁じられたりすると、子どもは無力感や罪悪感を抱き、主体性や意欲を失っていくことになる。

④　**再接近期**

「練習期」の子どもは、「イヤ！」「自分で！」等の主張によって母親からの分離を試みるが、それらの言葉を実行し通すほどの力はまだ備わっていない。そのために、身近にいる母親を意識し、甘える行動がみられるようになる。おおよそ、1歳代後半から2歳にかけての時期は、いったんは母親と

分離するかにみえて、心理的には再び母親を求めて再接近する時期である。

　この時期に表出される不安は、人見知りの時期とは異なり、愛着対象である母親からの愛情を喪失するのではないかという不安からくるものである。まだ自分の力で十分にやり遂げることのできないという失敗体験や不安を母親に受けとめてもらうことによって、母親の愛情を確認しているともいえる。この心理的な再接近に対して甘えを受けとめる等の適切な対応がないと、子どもは「自分がうまくやれないから愛してもらえない」「失敗を許されない」と感じてしまうのである。

⑤　個体化の完成

　2～3歳頃になると、子どもは母親の姿がみえなくても短い時間一人で遊んでいられるようになる。目の前に母親がいなくても、よい母親のイメージが自分の心の中に保てるようになるからである。このように、母親のイメージが心の中に保てるようになることを内在化という。しかし、母親のイメージが不安定であったり、悪いイメージであったりすると、子どもは常に不安な状態におかれることになる。

4．施設生活と子ども

　施設に入所する子どもたちは、一般家庭で育つ子どもに比べるとはるかに多くの「別れ」を体験することになる。家庭からの分離は、家族やそれまでの生活環境からの別れであり、子どもによっては、さらに乳児院から児童養護施設への措置変更による別れ、施設入所後の担当職員やともに生活する仲間との別れなどを体験している。このように繰り返される対象喪失の体験が、子どもたちに与える影響は大きく、子どもの「問題行動」の要因となっている場合も多い。施設において子どもの社会的な自立を支援するにあたっては、こうした子どもたちの喪失体験がもたらす影響を知り、それをケアする働きかけを行うことが必要である。

(1)　入所に伴う子どもの混乱

　施設入所が子どもの最善の利益を守るために必要な措置であったとしても、その意味を子ども自身が理解するのはむずかしい。子どもにとっては家族との分離を余儀なくされ、それまでとは異なった生活環境におかれることに対し、不安を抱き、自分は親から「見捨てられた」と感じることが少なくない。子ども虐待等、親から適切な養育を受けていない子どもは、「自分は親から愛されるに足りる存在ではない」と自己否定感を強める傾向がある。

　入所時の子どもの年齢や状況にもよるが、施設入所に際しては、入所を必要とする理由が子ども側の落ち度ではないことを十分説明し、新しく始まる施設生活に対する不安を軽減するよう準備をすることが必要である。

　入所後の家族との交流については、今後の支援計画と合わせて早期に方針を出し、子どもにも具体的な交流の見通しや家庭復帰の見通し、家族再統合に向けての具体的な目標を伝えていくことが望まれる。

　自己の意見を表明しうる年齢の子どもであれば、施設入所に対する希望や不安等をきき、施設として提供できる支援の内容を伝えておくことも必要である。

(2)　退行現象

　生活環境や人間関係の変化等によって、しばしば子どもは「退行現象」を起こす。入所直後の数日間は、新しい生活環境と人間関係への戸惑いや不安から、もともとのその子らしさは影を潜めている時期である。施設での生活が安全であり、職員やともに生活する仲間との関係に安心感を得るようになってから、本来のその子らしさや感情をあらわしてくる。年少児においては、過度の依存や、泣きぐずり等の形であらわれることが多い。できることを「できない」といって甘え、要求が通らないと泣きぐずったり、攻撃的な言動をとったりすることもある。過食や偏食、失禁や夜尿といったような問題があらわれることも多い。年長児では、職員への反発や攻撃的態度、年少児への乱暴といった形であらわれることもある。

　こうした一連の言動は、入所に伴って生じる「退行現象」としてとらえてよいだろう。通常、退行現象は、それを受容し安心感を与えることで落ち着いていくものである。

　同時に、新入所児によって既存の子どもたちも少なからず動揺する。特に、愛着関係の形成が不十分な子どもは、新しいメンバーによって自分の立場が脅かされる不安を強く感じるものである。新入所児を迎えて不安定になっている子どもに対しては、新しいメンバーの出現によって職員の愛情を喪失するのではないかという、不安に対応していく必要がある。「年長だから」「もうすでに知っていることだから」と新入所児の手本となることばかりを求めるのではなく、むしろそれまで以上に気にかけ、意識的にかかわっていくように配慮したい。

(3)　グリーフ・ケア

　喪失体験（大切な人や物、環境等との別れの体験）に伴う「悲嘆のプロセ

ス」を乗り越える作業をグリーフ・ワークといい、グリーフ・ワークを支援することをグリーフ・ケアという。

悲嘆のプロセスは、①現実否認（お母さんが自分を見捨てるはずがない）、②取り引き（いい子にしていれば、すぐにお母さんが迎えに来てくれる）、③怒り（なんで自分は施設にいなくちゃいけないの）、④絶望（無気力になるとは限らず、落ち着きなく動き回る、ふざけるなど一見元気に見えることもある）のプロセスを経て回復へと向かう。

グリーフ・ケアでは、こうしたプロセスにおいて子どもの気持ちに寄り添い、子どもが感情表現しやすい環境を整え、十分に気持ちを表現できるように支援していく。とくに怒りや葛藤・不満といった否定的な感情を抑圧するのではなく、適切な方法で表現できるよう働きかけていくことが望ましい。言語化することがむずかしい子どもには、絵を描く、粘土工作、人形遊びといった方法もある。

(4) ライフ・ストーリー・ワーク

施設に入所している子どもなど社会的養護のもとで生活する子どもの場合、それまでの自分史が分断し欠落している子どもや、虐待され施設に入所したのは自分が悪いからだと受けとめている子どもが少なくない。こうした子どもの認知を修正し、肯定的な自分の物語を作り直すことを支援する作業を、ライフ・ストーリー・ワークという。過去から現在そして未来へと子どもの歴史をつなげ、子どもが自己肯定感を取り戻すために行われる。

ライフ・ストーリー・ワークの実施には、実施者の覚悟（大人の都合で止めない）、職場でのコンセンサス、子どものニーズの把握と子ども・保護者の同意、情報の収集等、しっかりとした準備とスーパーバイザーの下で行える環境を整える必要がある。

わが国ではまだライフ・ストーリー・ワークの理念や方法が熟しているとはいえないが、ライフ・ストーリー・ワークの要素を日常的なかかわりに取り入れ、何気ない会話の中で子どもの気持ちに寄り添う、子どもが語る思い出話を共有するといった対応から子どものニーズを探る、家族への思いや現状に対する子どもの認知を知ることは可能である。また、子どものアルバムをつくり、写真とともにその時々の様子についてコメントを残しておく、保護者等によって語られた入所前の状況（幼い頃のエピソード等）を記録として保管しておくなど、自分史に対する子どもの認知を助けるための資料を作成しておくことも有益である。

●演習事例①●
新入所児童を迎えて

●本人および家族の紹介

　本人：M子（8歳、小学2年生）

　父親：1年前に妻と離婚。3人の子どもを引き取り養育する

●支援者の紹介

　A保育士：女性　25歳　児童養護施設の保育士として勤務して5年

●事例の概要

　M子は父母の離婚後、5歳と3歳の弟・妹とともに父親に養育されてきたが、父親が一人で幼い子どもたちを抱えて養育を継続することが困難となり、児童養護施設に入所することとなった。通学のため、M子が先に入所し、弟と妹は施設での受け入れ態勢が整う年度末まで児童相談所での一時保護となった。

●施設入所当初の場面

　入所当日、緊張気味のM子も、担当のA保育士が施設での生活に必要な身の回りのものをそろえながら施設での生活について説明すると、少しずつ表情も和んでくるようであった。父親との生活では、M子が弟・妹の世話をしていたとのことで、話し方や表情も大人びてみえ、しっかりした子という印象を受けた。

　A保育士が、学校から帰ってきた子どもたちにM子を紹介し、小学3年生のY子、S子に施設の中を案内してあげるように促すと、2人は快くM子に「ご飯はこっちで食べるんだよ」「お風呂はここだよ」と案内してくれた。年齢の近い2人が親切にM子に話しかけることで、M子の緊張も次第にほぐれていくようであった。それでも中学生や高校生がいると緊張している様子がみえ、A保育士はさりげなくM子が年齢の近い小学生と一緒にいるように、M子やY子、S子に声をかけるようにした。Y子、S子も張り切って「お姉さんぶり」を発揮していた。

　M子は施設での生活に慣れてくると、はじめにみせていた「しっかり者」のイメージから、次第に甘えん坊ぶりをみせるようになり、他の子どもがい

ないときは、A保育士の側に来てはとりとめもなくいろいろな話をするようになってきた。

　数日後、A保育士がM子の新しい学用品をそろえているところへY子がやってきて、「Mちゃん、全部新しいのだ。ずるいなぁ」といい出した。入所当日から「お姉さん」役を勤めていたY子であったが、M子が施設に慣れてくるにつれ、M子に対する意地悪な言動が見られるようになっていた。

●演習課題
1　M子が施設生活になじむにつれ、保育士に依存的な言動をとるようになってきたことに対して、どのように考えますか。また、今後どのようにかかわったらよいでしょうか。
2　Y子をはじめとする他の子どもへの配慮として、これからどのようなかかわりが必要でしょうか。

3　子どもとのコミュニケーション

1．よい関係を築くためのコミュニケーション

　子どもに限らず、支援対象者と支援者が良好なコミュニケーションを保つことは、支援活動を展開する上で不可欠なことである。よいコミュニケー

ションとは、相手に対する尊重の気持ちを伝えることができ、受容的なかかわりの中で、お互いがオープンに、あるがままの自分を伝え合う温かみのある関係である。

　過去の体験における傷、施設入所に伴う家族との分離、自分自身の成長に伴って生じる葛藤や不安など、子どもたちはさまざまな思いを抱えて生活をしている。時には、施設生活そのものへの不満や葛藤を感じる子どももいる。

　そうした子どもたちとのかかわりにおいては、子どもたちからの働きかけに応じるだけでなく、職員からの意図的な働きかけや子どもの話に対して、能動的にきくこと（active listening）が必要になる。日常的な生活場面での子どもとの会話において、職員が意識的に子どもに話しかけ、意図的に応答することによって、子どもとのコミュニケーションを促進することができる。

２．コミュニケーションを図るための意図的なかかわり方

(1) 話を続けるための問いかけ方

　子どもたちは問いかけられたことに対して、「わからない」「さぁ」「別に」といったように答えを避けることがあり、話が進まなくなったり、必要な情報をきき出せなくなったりすることがある。まず、子どもに問いかけるときに、答えを制限しないで子どもが自由に答えられる尋ね方をすることが必要である。

　答えを制限しない質問の仕方とは、答えが「Yes」「No」に限定されない質問である。たとえば、「昨日は楽しかった？」と問いかければ、その答えは「楽しかったよ（Yes）」「楽しくなかったよ（No）」のいずれか、あるいは「別に」で終わってしまうが、「昨日はどんなことをしたのか教えて」「昨日の○○はどうだった？」というようにきくことで、答え方に制限がなくなる。同様に、「○○は好き？」よりも、「あなたの好きなことについて教えて」「どんなところが好きなの？」ときく方が話が広がりやすい。このように、答える内容に制限をつけない質問の仕方を、open-ended question（先の広がる質問）という。「別に」「わかんない」と言われたときには、「別にって？」「わかっていることがあればどんなこと？」と質問を続けるとよい。

　また子どもの話が一段落したところで、「その他には何かある？」「それで、それからどうしたの？」というように、さらに話を続けていくための質問をすることで、子どもにまだ話しきれていないものがあるとき、それを引き出すことができ、話を続けてもいい、まだきいてもらえるという安心感を与えることができる。

(2) 話の内容をどのように受けとめたかを伝える

　子どもが話した内容を、聞き手側の言葉によってポイントを要約して伝えることによって、子どもは「自分の話をきちんときいてもらえた」という安心感をもつ。「あなたがいいたいことは、こういうことなのかしら」と問いかけ直すことで、話し手は自分の言葉がどのように相手に伝わっているかを、聞き手は自分自身の話の受けとめ方が正しいかどうかをお互いに確認し合うことができる。

(3) 感情を受けとめて応答する

　「感情を受けとめる」とは、直接的な言葉によっては表現しきれない感情を汲んで言語化することによって、子どもが無意識に感じている感情を引き出すことである。

　たとえば、「お父さん、仕事が忙しいから来られないんだって」という子どもの訴えに「それは残念だわねぇ」というように、そのときに子どもが感じたであろうと思われる感情をそのまま言語化する応答である。事実に対する判断や理由付け（この場合ならば、「お仕事なら仕方ないね」）よりも、まず気持ちを汲んだ応答を返してもらうことで、子どもはその話題を続けることへの不安やためらいを軽減させることができる。感情を受けとめてもらうと、そのことについて話しやすくなり、相手に対する信頼感も生まれる。

　特に、抑圧されがちなマイナスの感情（憤り、怒り、嫌悪感等）は、応答の仕方によってはそのような感情を抱いている相手を否定するものになってしまう。「そんなふうに言うもんじゃないわよ」「いつまでも怒ってないで」といった応答は、そのような感情を抱いた子どもを責めるメッセージとして伝わってしまうからである。聞き手の判断を入れずに「あなたが何を感じていたのか」を言語化することで、冷静に話を進めることができるのである。

(4) 肯定的な言葉を使う

　普段の会話の中で、「○○をするな」ではなく「◎◎しよう」という肯定的な表現を意識的に用いることも重要である。「○○をするな」「ダメ」という表現が、子どもの行動を否定するための言葉ではあっても、子どもは子ども自身を否定されていると受けとめやすく、反発を招きやすい。

　また、「走るな」→「歩こう」、「大声を出すな」→「小さい声で話して」、「開けっ放しにするな」→「開けたら閉めて」、のように同じ状況を肯定的に表現することで、具体的にどのような行動をとればよいのかを子どもに示すことになる。

(5)　言葉と態度の一致

　コミュニケーションは言葉だけで成り立つものではない。声の大きさや高さ、口調、テンポ、表情、その場の雰囲気等が総合的に相手に伝わっていく。怒った口調で吐き捨てるように「怒ってないよ」といえば、言葉では否定していても相手には「怒り」が伝わる。このように、言葉と態度が一致しない伝え方は、よいコミュニケーションとはいえない。本当に怒っていないのであれば、やさしい口調で静かに「怒ってないよ」と伝えなくてはならないし、怒りを感じているのであれば、冷静に「そうね、不愉快だわ」と伝える方がむしろ効果的である。

4　虐待を受けた子どもへの対応

　父母の病気や失踪、就労のための養育困難等が理由となって入所している子どもたちの中にも、その子の生育歴を丁寧に検証すると、必要な保護を受けられずに放任されていたり、ゆとりのない生活の中で阻害されていたり、時には暴力を伴うしつけを受けていたり等、虐待的な環境—不適切な環境—の中で育ってきた子どもが多い。

　このような虐待的な環境の中で育った子どもたちには、いくつかの特徴がみられる。まず、対人関係上の特徴の一つとして、「無差別的な愛着傾向と極端なディタッチメント」がある。これは、自分にかかわる相手に対して、誰かれかまわず、すぐになついてべたべたと甘えるなどの極端な依存性の高

さをみせる一方で、自分が不利な状況におかれると、たちまち同じ相手に敵対心をあらわに攻撃的な言動をとるなど、それまでの関係を否定するような状況になることをいう。

　実習生や新任の職員がいると、真っ先にやってきて、子どもの方から親切に話しかけるなどの人なつこさをみせる。しかし、子どもの言葉に反論したり、注意したりするような場面があると、たちまちにしてその人なつこさが豹変して、「あんたなんかあっちに行け」「関係ない」などの言葉で攻撃するような状況である。自分が受け入れられていると実感できる状態では、徹底的な依存性を示すが、それが危ない状態になると、子どもの方から関係を絶とうとするのである。

　もう一つには「虐待関係の反復傾向」といわれる行動がある。これは、過去に受けた虐待を再現するかのように、わざと大人を怒らせて自分が叱られるような場面をつくっているのではないかと思わせるような言動である。注意されたときの反発的な態度や、挑発的な言動で大人の怒りを誘発する。

　また、激しいかんしゃく行動や、衝動コントロールの欠如、力によって問題解決をしようとするなどの攻撃性の高さも虐待を受けた子どもの特徴である。自分よりも強く力のある相手に対しては、暴君にかしずく家臣のごとく顔色をうかがい、相手の機嫌を損ねないように細心の注意を払って接する反面、自分の方が上だと感じる相手や、自分に危害を与えないとわかる相手に対しては、横柄な態度や攻撃的な言動で相手を威圧する。

　こうした言動は、おそらく虐待環境にあって常に相手の状況を見極めて、自分の身を守らなくてはならなかった子どもが身につけてしまった防衛的な反応なのであろう。

　さらに、総じて感情表現が乏しく、子どもらしい表情に乏しいことも特徴である。激しい怒りはあらわすものの、注意されたときや悲しいことにも表情一つ変えなかったり、うれしそうな表情をみせない等、子どもが何を感じ、何を考えているのかがつかみにくい。

　このような子どもと接するとき、対応する大人が自分自身の感情をコントロールして冷静さを失わないようにする必要がある。大人が冷静さを失い、子どもの言動に感情的になって巻きこまれてしまうと、それが体罰にもつながりやすくなるからである。

　ある児童養護施設に勤務する児童指導員が、虐待を受けた子どもとかかわったときのケースから、虐待を受けた子どもへの支援を考えてみよう。

●演習事例②●

被虐待児とのかかわり

●本人の紹介

　本人：Ａ子（８歳、小学２年生）乳児院から措置変更により児童養護施設
　　へ入所

●支援者の紹介

　Ｂ指導員：女性　28歳　児童養護施設の指導員として勤務して６年

●Ｂ指導員の記録から

◆Ａ子の印象

　Ａ子は母親の虐待によって生後11か月のときに乳児院に措置され、３歳直前にこの児童養護施設に入所した子どもである。端整な顔立ちと利発そうな表情の子で、初対面の相手にはにこにこと愛想が良く、実習生へも真っ先にかかわりをもとうとする。しかし、表面的な人なつこさとは裏腹に、自分にとって都合の悪いことをいわれると、態度が急変して相手を徹底的に罵倒し攻撃的になるので、初めてＡ子にかかわる者はみな戸惑い、動揺してしまう。その一方で、同じ居室の年長児に対しては何をいわれても絶対服従の態度で接しており、そうした日頃のＡ子の様子をみていると、裏表の激しさや計算高さにあまりいい気持ちがしない。Ａ子のそうした言動が、虐待による結果であると頭では理解できても、そのままでは対応する職員にとっても受け入れがたい状況であることも事実である。

◆Ａ子の執拗な反発

　私が２階の事務室で記録の整理をしているときに、いきなりＡ子が５歳のＫ子を連れて事務室に入ってきた。この事務室は実習生へのオリエンテーションや担当者会議等の少人数での打ち合わせにも使用することもあり、ビデオをみることができるようにテレビもセットされている。Ａ子はどうやらテレビをみたかったらしい。私がいるとは知らずに入ってきたようで、私の姿をみて一瞬躊躇したが、すぐにテレビのスイッチを入れようとした。

　「Ａちゃん、今ね、この部屋使ってるの。だから入ってもいいかどうかきいてから入らないとね」と声をかけると、Ａ子はＫ子の手前もあり、いつも

以上に強気の態度をとろうとした。私の言葉を無視するように、K子に「ここでテレビみようね」という。「今このお部屋はお仕事で使っているから、テレビは自分のお部屋でみてね」。私はA子の挑発的な態度を無視して必要なことを努めて冷静に伝えた。すると「なんでよ！　いつもここでみせてもらうんだからいいじゃないさ。○○さん（他の職員）はいいっていうよ！」ときつい口調で反発をしてきた。

　そのいい方や表情は、「あんたは○○さんみたいにやさしくない」といっているようにきこえる。その後も、私がA子にこの部屋を使えない理由を説明するたびに、挑発的な反発を繰り返した。A子は私が挑発に乗らないで最後まで「だめ」を通したことが不満らしく、「じゃあさぁ、あんたはあたしたちの部屋に絶対入るんじゃねぇからな！」といい出す。何を言ってもきき入れようとせずに反発をくり返すA子の態度をあえて無視しながら「さ、今日はもう帰った、帰った」とK子とA子を外に出すと、A子は怒りにまかせ、引き戸式のドアのガラスが割れるかと思うくらいの勢いで、力任せにドアを閉めて出て行った。

●演習課題
1　A子のように悪態をつく子どもに対して、どのような言葉かけや対応ができるのかを話し合ってみましょう。
2　A子のような子どもに対応するには、職員自身の自己統制力が必要になりますが、そうした職員の力量を高めるために、施設全体として取り組む課題を考えてみましょう。

5　今日的なこころの支援の課題

　児童養護施設に入所している子どもは、虐待を主な理由として保護されたケースだけでなく、父母の離別や養育困難等を主な理由としているケースにおいても、保護の怠慢や放任を含む虐待的な環境におかれていた、あるいは実際に虐待を受けた経験をもつ子どもが少なくない。また、精神科外来や心療内科への通院を要する子どもも年々増えている。このような子どもたちを施設でケアする場合、施設の生活環境そのものが子どもたちの抱える課題や心の傷に対して治療的に働きかけられる場になる必要がある。

　特に、子どもたちの生活にかかわり、生活場面で繰り広げられるさまざまなやりとりを通して、子どもの自立を支援する保育士には、子どもたちの心理的問題や具体的な対応についての知識や技術、子どもたちの感情転移や挑発に感情的になって巻きこまれないで対応できるだけの自己統制や自己覚知が必要である。

　また、家族との関係調整においては、家族が子どもたちを受け入れて関係を再構築できるように、親の抱える課題への治療的なかかわりや親の養育力を高めるためのかかわりも必要になる。親とのかかわりは、現実的に子どもが入所している施設が、親子の交流場面を通してアプローチすることが多い。

　このような実践における対応力を身につけるには、実務レベルでの継続的なスーパービジョン等のより実践的な現任訓練が必要であろう。

　また、施設内での職員の質的向上だけでなく、病院等の専門機関や地域の社会資源との連携も重要となってくる。施設では施設のもつ養育力と治療的機能を高めると同時に、他機関と連携してより質の高いケアを提供していくことが求められている。

〈参考文献〉
　アルバート・E.トリーシュマン他（西澤哲訳）『生活の中の治療　子どもと暮らすチャイルド・ケアワーカーのために』中央法規出版　1992年
　田中万里子『子育てのコミュニケーション』中央法規出版　1989年
　中沢たえ子『子どもの心の臨床』岩崎学術出版社　1992年
　西澤哲『子どもの虐待　子どもと家族への治療的アプローチ』誠信書房　1994年
　藤森和美・藤森立男『心のケアと災害心理学』芸文社　1995年
　森省二『「別れ」の深層心理』講談社　1993年
　『施設で育った子どもたちの語り』編集委員会編『施設で育った子どもたちの語り』明石書店　2012年
　木村真理・大阪ライフストーリー研究会編『今から学ぼう！　ライフストーリーワーク—施設や里親で暮らす子どもたちと行う実践マニュアル—』福村出版　2016年
　山本智佳央他編『ライフストーリーワーク入門—社会的養護への導入・展開がわかる実践ガイド—』明石書店　2015年

第**5**章

◆　◆　◆　　　　　親子関係の支援　　　　　◆　◆　◆

キーポイント

　　児童養護施設の入所理由は、親からの虐待、放任、親の精神疾患など、子どもを取り巻く環境（特に家族）に起因するものが多くの割合を占めている。そのため、施設にいる子どもへの直接的な支援はもちろんのこと、家族の再統合に向けた親子関係調整のアプローチが求められている。

　　ここでは、職員の子どもや親への接し方（態度、言葉かけ、見守り等）が、子どもや親の心の問題、あるいはそれぞれの関係にどのように影響を及ぼしているかを検討することにより、対人援助の基本的な視点を学んでいく。また、施設内の一人の職員の動きだけに注目するのではなく、施設全体での取り組み、さらには他機関との連携も踏まえた支援のあり方も検討していく。

　　親子関係の支援は、施設職員の実際の親子関係とダブらせ、感情が移入しやすいと考えられる。また、生活をともにする子どもたちに対して、一施設職員としてよりも、一人間としての面が先行しがちになってしまうおそれがある。その分、自分が抱く感情を常に吟味しながら、冷静な判断のもとでの支援が求められる。

1　親子関係の支援の姿勢

1．子どものHELP信号

　「子どもを愛さない親など、この世のどこにいるものか……」。表現は多少違えども、このようなセリフを幾度か耳にしたことがあるだろう。もしそれが世間でいう「常識」ならば、すべての子どもがすべての親に愛されていることになる。

　しかし、それならば、親が子どもに対して養育拒否し、暴力等を加えるといった現実をどのように理解したらよいのであろうか。さらに、世間的に「子どもは親に育てられるのが一番」「家庭で育つことが幸せである」といった家庭神話が根付いているとすれば、家庭以外の環境で育つ子どもたちの状況

をどのように説明していくのか……。もはや、常識・非常識の枠で考えられる問題ではない。

　虐待を受けた子ども、何らかの事情で自らの家庭で暮らせなかった子ども等々は、親との関係の中で悩み、苦しんでいる。そして、HELP信号（助けを求める、助けてと声をあげる）を出せずにもがいている。あるいは、その信号を出したことで後に悔いが残ることもある。さらに、非行といった反社会的な行為によってHELPを示しているかもしれない。もはや、HELP信号の正しい出し方などない。それだけ一人ひとりのHELPがあり、信号の出し方がある。だからこそ、周りにいる大人が世間の常識に捉われず、その信号に気づき受けとめていく。それが、一つひとつの声を大切にしていくことにつながる。

2．親と子の居場所

　HELP信号を出しているのは子どもたちだけであろうか。親もまた子どもとの関係に悩み、苦しんでいる場合もある。「かわいいはずのわが子を愛することができない」「わが子を理解できない、子どもにどのような声をかけてよいかわからない」「子どもと一体感をもちたいけれど、関係は希薄なまま。自分は親として、どうしてよいのかわからない」。そして、わからないからこそ誰かに助けを求めたい。しかし、自分にかかわる周囲の人間が「親なのに、気弱なことをいってどうするの」「子どもをきっちり愛せないことが不思議」と常識の枠の中でしか自分をみてくれなければ、よけいに「親としての自分」を追いつめることになる。

　親と子、それぞれが居場所を求めている。それは、現実にそばにいるとかいないとか、そういう問題ではない。子どもにとっては親の心の中に、親にとっては子どもの心の中に、自分がいるかどうか、自分という存在が認められているかどうか、それが確信できることが大切である。

　したがって、親子関係の支援は、世間の常識や自分の価値観に気づき、親と子の心の声に近づくことができたとき、出発点に立てたといえる。

3．施設における親子関係の支援

　施設に入所してくる子どもたちは、さまざまな生活背景をもっている。親等からの虐待、放任、経済的問題、親の身体的・精神的問題。さまざまな生活背景を考慮しながら保育士が大切にしなければならないことは、子どもた

ちの気持ちを受けとめ、子どもたちの意思を尊重し、子どもたちにとって何が幸せかをともに考える姿勢である。

　もちろん、一緒に考える対象には、子どもたちだけではなく、親も含まれる。世間一般からみてどうしても理解しがたい親でも、施設の職員が、また保育士が親と一緒に協力して子どもを育てていくという考えをはずしてはならない。その親が理解しがたいかどうかを決めるのは、子ども自身であることを忘れてはならない。

　親子関係は、親子の数だけある。したがって、問題もさまざまであろう。しかし、親子関係の調整は、最終的に親と子どもが手を取り合うことを願う気持ちが必要となる。何が幸せかは、子どもたち自身が人生を歩んでいく中で決める。その子どもたちの考えを尊重し、受け入れていく姿勢が施設の中にあふれ、子どもたちが、人を信じる、愛することの重みを日々の生活の中で体感していくことが望まれる。

　いつの日か、親と子がそれぞれに対等に向き合うことができたとき、それぞれの気持ちは自然とみえてくる。そして、お互いの心の中に親、あるいは子の存在意義をみつけることができる。しかし、それまでの道のりはとても険しく長い。だからこそ、その道のりをともに歩む支援者の役割は大きい。

2　親子関係の調整における保育士の役割

1．親子関係の調整へのかかわり方

　次の演習事例から、親子関係の調整に保育士がどのようにかかわっていけばよいのかを考えていきたい。

●演習事例①●

親と子のパートナーシップを築く支援

●本人および家族の紹介

本人：Ａ太（11歳、小学５年生）児童養護施設に入所中
母親：40歳　パート勤務

父親：2か月前に50歳で急死　A太にとっては継父にあたる

●支援者の紹介

C保育士：28歳　女性　児童養護施設に勤務して8年

●事例の概要

　A太の母親は、A太の実父と離婚（当時、A太は2歳）、その1年後に再婚する。再婚相手はまじめな男性であったが、自分の考えを曲げない頑固な面をもっていた。子どもをあまり好まず、A太には初めてあったときからやさしい言葉すらかけたことがなかった。それどころか、「しつけ」だといい、幼いA太を叩くことがしばしばあった。「しつけ」は年々ひどくなり、虐待の域に達していた。母親には、その虐待を制止する力はなく、結局A太は小学4年生のとき、児童養護施設に入所することになった。

　A太が施設に入所して1年後（小学5年生）、継父は突然病死した。しかし、A太にとって虐待の傷は深く、仲のよかった母親にすら自分の気持ちを伝えることをしなくなっていた。

●事例の経過と支援過程

◆継父のお墓参り

　A太、小学5年生の夏休みのある日。A太の母親がA太を一緒に夫の墓参りに連れて行きたいと施設へやってきた。母親が自らA太を呼びに部屋に入るが、A太は「行きたくない」と部屋から出ようとはしなかった。母親は部屋から出て、悲しそうな表情をして立っている。

●C保育士の対応

　その様子をみていたC保育士は、A太と母親と3人で話をするよりも先に、A太と1対1で話すことにし、一人部屋に入った。母親がいると、A太の本当の気持ちをきき出せないと判断したからである。さらに、母親の悲しそうな表情に同情し、墓参りに行かせようと一方的に話をもっていくのではなく、A太がなぜ墓参りに「行きたくない」といったのか、焦らすことなくA太の話を聴く姿勢をとった。

C保育士：「墓参り、行きたくないんやって？」

A太：「うん…」

C保育士：「どうして行きたくなかったん？」

A太：「だって、遊びたいもん」といい、泣き出す。

C保育士：「そうか、泣きたいぐらいしんどい（つらい）気持ちなんやね」

Ｃ保育士は、墓参りに行きたくない理由云々よりも、Ａ太の「しんどい気持ち」を受け入れようとした。

Ａ太：「だって、今日墓参りに行ったら、これからも（お母さんが墓参りに行くたびに）絶対行かなあかんようになるもん」

Ｃ保育士：「じゃあ、その気持ちをお母さんに伝えた方がいいね。自分でお母さんに今の気持ちをいえる？」

Ａ太：「……」（うなずく）

Ｃ保育士：「そしたら、お母さんを呼んでくるね」

　Ｃ保育士は、母親がこのまま家に帰ったのでは、母親もＡ太もどちらともにわだかまりが残ると判断した。だからといって強制的に話をさせるのではなく、また、Ａ太に代わってＡ太の気持ちを母親にすべて伝えるという方法はとらなかった。Ａ太自身の口から母親に自分の気持ちを伝えることに重きをおいた。

　最初に母親と２人で話をした後の部屋の空気は重いものであったが、その空気を入れ替える意味でも、Ｃ保育士のＡ太への話しかけは重要であった。

◆親子の会話の前の一呼吸

　Ａ太の部屋から出たＣ保育士は落ち着いた様子で、部屋の外で待っていた母親のところへ行った。

●Ｃ保育士の対応

　部屋から外で待っている母親を呼ぶのではなく、Ｃ保育士がＡ太のもとを一瞬でも離れＡ太を一人にすることで、Ａ太に気持ちの入れ替えをしてもらうことにした。さらに、部屋の外で不安な気持ちで待っていたであろう母親

の思いを汲み取り、今のＡ太の様子を伝えた。また、Ａ太がＡ太自身の言葉で、母親に今の自分の気持ちを伝えるように話したことをゆっくりと丁寧に伝えた。母親は、Ｃ保育士から出てくる言葉を、かみしめるように何度もうなずきながらきいていた。Ｃ保育士の話が終わると一呼吸し、少し涙ぐみながらＡ太のいる部屋に入った。Ｃ保育士も続いて入った。そして、母親は言葉を選び、やっとの思いでＡ太に話し始めた。

◆親子の会話を発端にして

母親：「言葉でえへんのやけど……、今日は無理矢理連れて行こうとも思ってないし、……行かなあかんときは行きなさいっていうし、……そのときは（一緒に）来てや」

Ｃ保育士：「さっき話したこと、そのままお母さんにいってごらん」

Ａ太：「……遊びたいし、行きたくないの」と涙声でいう。

母親：「……じゃあ、今日はいいし、……戻って、遊んでおいで。ほら」と涙声で答える。

●Ｃ保育士の対応

　Ｃ保育士は、親子２人だけにした方がいいと判断し、部屋を出た。しばらくして母親も出てきた。母親は、涙を流しながらＣ保育士に話し出した。

母親：「あの子にはひどい父親やったんです。父ちゃんが死んでしまったとき、Ａ太は複雑な気持ちやったやろうなあと思っていたんです。仏壇にも絶対に近づこうとしなかったし……。初めてＡ太が父ちゃんにあったのが３歳ぐらいやと思うんやけど、Ａ太は父ちゃんに何とか打ち解けようと努力してたんです。でもやっぱり叩かれて……。だから、Ａ太が意識してるかどうかはわからんけど、複雑な思いがあるとは思ってて、この墓参りも無理に行かそうとかは思ってなかったんです……」

Ｃ保育士：「話すのもつらかったでしょうに、話してくださってありがとうございます」

　Ｃ保育士は多くを話さず、母親の話に何度もうなずいた。聴く姿勢を通すことにより、母親が話しやすい雰囲気づくりを心がけた。今は、母親が心の中にあるものを吐き出すよいタイミングであることを理解していた。

母親：「Ａ太とは最近離れていることもあって、気持ちが通じてないなあって思うんです。前はね、私とも冗談言い合ったりしてたんですよ」とも話す。

　母親が話し終わるのを待ち、少し落ち着いた表情をみたＣ保育士は、母親に安心感をもってもらう言葉を付け加えた。

C保育士：「Ａ太君も夏休み中には外泊するつもりでいるようなので、気長にＡ太君の気持ちをほぐしていきましょう」
母親：「お願いします」
　　母親は深々と頭を下げ、施設を後にした。

◆その日にみせたＡ太の笑顔
　　Ａ太は部屋で寝てしまっている。
●Ｃ保育士の対応
　　夕食後、Ｃ保育士が気さくにＡ太へ話しかける。
C保育士：「墓参りとか、Ａ太のイヤな気持ちはよくわかったけど、お母さんはＡ太と楽しい話をたくさんしたいって思ってはったし、時々は帰ってみたら？」
Ａ太：「じゃあ、夏休みは時々外泊するわ」とにっこり笑う。
　　Ａ太の笑顔に対して、Ｃ保育士もにっこり笑った。
　　この１年後の夏、Ａ太は、「お母さんがうるさいから……」と、照れくさそうにしながら、初めて母親と２人で継父の墓参りに行った。そして、外泊時には仏壇の前で手を合わすことはないが、たまに花の水をかえたりしていることを母親からきいていた。
　　入所して５年後、高校入学と同時にＡ太は退所し、母親の元に戻った。

> ●演習課題
> １　事例のＣ保育士、Ａ太、母親のそれぞれの役を決め、ロールプレイングしてみましょう。ロールプレイングが終わったら、それぞれの気持ちや感想を出し合い、受容の意味について考えてみましょう。
> ２　施設職員は、入所児童の親とどのようなことに重きをおいてかかわればよいか、さまざまな状況を想定して考えてみましょう。

２．親と子の関係を調整する支援

　　児童養護施設には、幼い頃より暴力を受け、体だけでなく心の傷を受けた子どもたちが少なからず生活している。親の愛情がほしい時期に、甘えることも許されず、ただ、暴力を受けることを耐えるしかなかった子どもの気持ちははかりしれない。
　　そして、子どもを抱きしめたいと思いながらもその思いがかなわずにいる

親もいる。演習事例①のA太の母親は、どれだけA太を救いたかったか、わが子を施設ではなく、自分の手元におきたかったか、その気持ちもまたはかりしれない。求め合いながらも離れて暮らした親子は、コミュニケーションの手段を失いつつあった。お互いが、お互いの生き方を受け入れることができなくなっていた。

　C保育士は、2人の気持ちを理解すること、受容することに努めた。そうすることにより、母親は子どもを手放した自分、子どもを救えなかった自分を受け入れていき、A太は親を求める自分を素直に認め、受け入れていった。それぞれが、受容することのむずかしさを感じながらも、その大切さをC保育士との普段のかかわりを通して徐々に学んでいったのである。

　C保育士は、2人を別の存在と考えるのではなく、母と子、それぞれを個々として尊重しながらも、2人の関係を重視し、相互に求め合っていることを会話や態度の節々から感じとっていった。そして、緊張状態にある2人の関係を、緩やかなものにかえるように手を差し伸べていったのである。

　親子の手が望まずとも離れてしまったとき、C保育士は一方でA太の、もう一方で母親の手をとった。ただ、母と子だけが手をとれていない。この直線上の関係を円の関係にするように、つまり、母と子が手をとれるように、失いつつあるコミュニケーションに力を注ぎ、受容の大切さを伝えていった。

　失いつつあるものは、また、元の状態に戻ろうとする力もはらんでいる。C保育士はその力を生かし、調整し、見守り続けた。それは、親と子、それぞれの気持ちを受け入れ、保育士は親子を結ぶ潤滑油の役割を果たしたといえる。

3　親子関係の支援とチームアプローチ

1．親子関係の支援におけるチームアプローチ

　親子関係の調整や支援を必要とする子どもや親は、多くは複数の問題や課題を抱えている。したがって、すべてを保育士が援助することは不可能であり、施設全体での取り組みや関係機関（児童相談所や学校等）、他の専門職（ソーシャルワーカーや心理職等）との連携が必要となる。

　はじめに、演習事例から施設全体の取り組みや関係機関との連携等、チームアプローチの中での保育士の役割を考えていきたい。

軽度の発達の遅れがある子どもとその親への支援

●本人および家族の紹介

本人：D介（11歳、小学５年生）児童養護施設に入所中
母親：31歳　パート勤務

●支援者の紹介

E保育士：35歳　女性　児童養護施設に勤務して10年

●事例の概要

　D介が２歳のとき、両親が離婚。母親が引き取るが、養育が困難なため児童養護施設に入所。

　D介は、小学校入学当初より他の子どもと比べて集中力がなく、成績も悪かった。本人が小学５年生のとき、自ら学校の勉強はむずかしいので育成学級（特別支援学級）にいきたいといい出す。児童相談所での発達検査の結果は、境界線から軽度の発達の遅れがあり、育成学級に変更することが望ましいというものであった。

　母親も、D介の発達の遅れを認めていた。しかし、いざ育成学級にかわるとなると、育成学級がどういうところかわからず不安を示す。

●事例の経過と支援過程

◆小学５年生に進級

　小学４年生の後半から学校に行くのを渋りだし、５年生に進級するとすぐ、「なあ、僕、育成学級にいきたい」といい始める。E保育士が理由をきくと、「５年３組の勉強はむずかしすぎるもん。それやのに、なんでか（僕以外の）みんなはできるねん。僕だけできひんねん」という。確かにD介は、小学校入学当初より他の子どもと比べると発達が遅く、施設職員も育成学級への変更を考え始めていた。

　そのこともあって、D介の担当のE保育士は、事前に学校でのD介の様子を担任の先生に尋ねに行っていた。担任の先生からは、４年生に入った頃から学習についていけず、教室を勝手に出て職員室や保健室等で一人勉強することが増えていると伝えられていた。

● 施設の対応

　Ｄ介の発言を受け、Ｄ介が育成学級にかわることについての話し合いが施設職員内で行われた。まず事実をはっきりさせることが先決という意見が一致し、児童相談所で発達検査を受けることが決められた。ただ、結果が出るまでにＤ介が学校へ行くことに対して今以上に重荷にならないように、十分な配慮が必要であることが話し合われた。そのためには、

① 　Ｄ介が、みなに勉強がついていっていないことをとがめたり、比較したりしないこと。

② 　Ｄ介自身が今、学校に行きたくないという気持ちを抱いていること、自分だけができないことに困惑している事実を受け入れること。

③ 　だからといって、職員がＤ介に対して他の入所児童よりもやさしさを示すなど、他の子どもが困惑するような不自然な態度をとらないこと。

④ 　何か学校で問題があったらすぐ知らせてもらう旨をＥ保育士から担任の先生に伝えること。

以上のことが確認された。

　発達検査の結果は、境界線から軽度の発達の遅れがあるということであり、育成学級に変更することが妥当であると児童相談所にて告げられた。さらに、学習障害のような症状も見受けられたこと、また、情緒的な障害があるかないか等、今までの生活で疑問に感じられたことについて、施設側（Ｅ保育士、Ｆ主任保育士同席）と児童相談所（心理判定員、児童ケースワーカー同席）の職員間で話し合いがなされた。そのことについては、発達の遅れは、学習障害や他の障害と間違えられがちであるが、Ｄ介の場合は発達の遅れからくる二次障害であることがはっきりと伝えられた。

施設では、児童相談所での結果が出るとすぐに話し合いの機会が設けられた。施設職員全員が、Ｄ介が育成学級へのクラス変更が妥当かどうか確認し合った上で、次の３点が今後の方向性として示された。
　①　母親に事実報告をすること。
　②　母親の反応を受けて、育成学級へかわるかどうかの最終決定をすること。
　③　最終決定を受けて、自分から育成学級に行きたいといい出したＤ介であるが、自然な形で育成学級へかわることができるように学校でも配慮を願うこと。
　母親に話をもちかけるのは、普段母親と手紙や電話のやりとりをしているＥ保育士に決まったが、常にＦ主任保育士はじめ他の職員がバックアップすることも加えて確認された。また、小学校入学当初、母親に「こういう学級もあるんですよ」と育成学級のことを一度提案程度にもちかけたことがある当時の担当保育士から、現在の担当保育士Ｅに、その時の母親の様子を記録をみながら報告され、一緒に考える時間が設けられた。

◆母親への報告
　母親にその話をしようとした同時期に、母親から３か月ぶりにＤ介と外泊をしたいとの連絡が入った。その連絡時に、普段通りの口調で「Ｄ介君の学校のことでお話させていただきたいことがある」ことを伝えた。母親からは、「わかりました。（外泊して施設にＤ介を）連れて帰ったときにお話をうかがいます」という言葉が返ってきた。
　１週間の外泊を終えて、Ｄ介を施設に送ってきた母親に、Ｅ保育士は児童相談所での発達検査の結果と施設側の意見を伝えた。意見とは、①施設側としては、Ｄ介のためには育成学級にかわった方がいいと考えていること、②Ｄ介もそれを望んでいること、③最終判断は親権者であるお母さんであることの３つである。
母親：「それは、職員皆さんの意見ですか？」
Ｅ保育士：「はい、そうです」
母親：「そうですか。いつも間近でＤ介をみてくださっている職員さんがいうなら、そうかも知れませんねぇ。私も時々外泊したときなんかは宿題をみるんですが、何か、集中力がないというか……。さっぱりわかってないっていうか……。私に似て勉強ができないなぁと思っていたんです」
Ｅ保育士：「突然のお話を理解してくださってありがとうございます」と、必要以上の発言を避け、母親が何か話したそうな様子であることを察知

し黙った。

母親：「小学校に上がるときにも、育成学級を考えてもいいという話もあり
　　ましたから、いつかこういう話が出るかもなということは思っていまし
　　た……。どうか、よろしくお願いします」という言葉が返ってきた。

　母親は予想はしていたとはいえショックを隠しきれず、それでも、D介の
障害を何とか受容しようとしている様子であった。この会話中、E保育士は、
多くを話さなかった。

◆育成学級についての疑問

　少しの沈黙の後、母親が気を取り直したように、何かききたげな表情をし
てE保育士の方に顔を向けた。

母親：「ところで、育成学級というのはどういう所なんですか？」

E保育士：母親が何を知りたいのか、そして今の母親の心情をもう少し明確
　　にしたいと思ったE保育士は、促すように（しかし、さりげなく）「と、
　　いいますと……」

母親：「いや、育成学級ってきくと、なんか勉強はほとんどなくて遊んでばっ
　　かりというイメージがあったもので。D介にはせめて九九と足し算、引
　　き算ぐらいはできるようになってもらいたいんで」

E保育士：「そうですね。私もその子の能力に合わせてカリキュラムを組む
　　という話はきいていますが、詳しいことは小学校にも確認が必要です。
　　もし、よろしければ、D介君が育成学級にかわる前に一度、先生に授業
　　参観をさせてもらえるようにお願いしておきます。お母さんも一緒に行
　　きませんか」

母親：（少しほっとした様子で）「そうですね。よろしくお願いします」

　日にちが決まり次第電話連絡することを伝えると、母親は再度、お願いし
ますといい、実は……と、さらに話し続けた。

母親：「今回の外泊のときに、本当はD介から育成学級に行くってきいてた
　　んです。D介には、お母さんは学校に行ってないから苦労したんやよ、
　　だから、普通学級でも育成学級でも何でもいいからお前はちゃんと学校
　　に行きなさいといったんです……。育成学級のこと、また私の方からも
　　D介と話す機会があれば本人から話をきいておきます」

　母親は、外泊のときにもっとゆっくり話をきいておけばよかったと少し後
悔している様子であった。

E保育士：「一緒に、ゆっくり、わかっていきましょう。育成学級のことも、
　　D介君のことも……」とE保育士は軽く笑みを浮かべ母親にいった。

育成学級についての母親への報告は、1時間以上に及んだ。検査結果を食い入るようにみつめる様子、育成学級ときいて動揺した様子、わが子の障害を受け入れようと必死になっている様子、わが子を学校に行かせてやりたいと願う様子、これからどう対応していっていいか迷う様子、育成学級に対して何も知らないことが不安な様子、母親のすべての様子をE保育士は母親が帰った後、詳細に記録しておいた。また、これらのことは当然E保育士一人で抱え込む問題ではないため、その後、施設職員間で母親への対応についても話し合った。記録は、話し合いにも生かされた。

また、育成学級に在籍している子どもたちの親が、今現在どのような状態かを知る必要もあった。さらには、その親たちの中にD介の母親は溶けこんでいけるかという意見も出た。D介が育成学級にかわることはすべてのスタートであると、皆が一丸となった。

◆その後

育成学級の生徒数は全学年で5人、先生は1人である。発達の遅れのある子どもがほとんどであり、ダウン症の子どももいる。今、D介は、毎日「いってきます」と元気な声を出し、育成学級へ通っている。また、一時外泊のときは、学校での話をよくするようになったと母親から伝えられている。

●演習課題
1　障害のある子どもに対して、またその親に対して、今のあなたならどのようなかかわり方ができるか考えてみましょう。
2　この事例に関して、施設職員全員が話し合うことの意味を考えてみましょう。
3　親子関係の調整手段として、一時外泊、帰省、家庭訪問、施設行事の参加の活用により、楽しい時間を過ごせる機会を増やすこと等があげられるが、久しぶりに会う親と子のそれぞれの気持ちを考えてみましょう。

2．チームアプローチの留意点

演習事例②のD介の障害は、とても重いというものではない。しかし、重いから気をつけなくてはいけない、重くないからさほど気にしなくてもよいといった問題ではない。一人の人間が障害を抱えたとき、その重さの程度よりも、その人がどのような人で、どういう性格のもち主で、どういう生活習

慣を送ってきたかによって、その人自身が障害を受け入れることができるか
できないかに結びついてくる。

　D介が、自分が他と違うと気づいたとき、どれほどの困惑を示し、また、
その困惑をいかに自分の中で受け入れていくかを、保育士はD介自身を十分
理解した上で見守っていく必要がある。ただその見守りは、その子どもを担
当する保育士だけの力量だけで背負えるものではなく、また、背負うもので
はない。

　本人の近くにいる担当保育士の動きを中心として施設が一丸となり、さら
には、児童相談所、学校等、さまざまな機関、専門家と連携をとっていく。
その体制は、D介自身の「これから」と、障害受容の可否に大きな影響を及
ぼしていく。当然、これは親への対応にもいえることである。連携という円
の中心には、常に本人だけでなく、親も存在するのである。

4　親子関係の支援にあたって

1．聴く

　演習事例①において、A太とC保育士の会話、A太の母とC保育士の会話
が紹介されている。どちらの会話においても、C保育士は受容の態度をもっ
てA太や母親に接している。そのことにより、A太も母親も安心感を得てい
る。この人といてホッとする気持ちを抱いたり、この人に話しても大丈夫と
いう安心感があるからこそ、相手を信頼することができる。その安心感、信
頼感のもと、A太は多くを語らなかったが、涙やうなずくという態度をもっ
て自分の気持ちを表現することができた。

　母親は、自分の心にある気持ちを、言葉を選び吐き出すことができた。特
に母親との会話の中で、C保育士はうなずく態度を通し、母親の話を聴くこ
とに徹した。さらに、会話の中の沈黙の時間も大切にした。そこには、今自
分がここで何か話して母親を慰めなければといった同情心や、会話を続けな
ければといった焦りはない。

2．状況把握

　人はいつしかテレビや新聞で虐待のニュースに慣れ、虐待を受けている子

どもは「かわいそう」と同情し、「虐待」＝「虐待をする親はひどい親、それをかばうことができない親もひどい親」と決めつけていることはないだろうか。

　演習事例①で、A太を直接虐待したのは母親ではなく継父である。しかし、長い年月の間わが子を再婚相手に殴られても、それをかばいきれなかった母親に、「親の資格などないひどい母親」と烙印を押しつけたとしたら、母親とC保育士との信頼関係は築けない。もちろん、虐待の行為自体を肯定するものではない。しかし、なぜ、そういう状況に至ったか、なぜ、かばうことができなかったか、さまざまな「なぜ」をほったらかしにして職員の価値基準からくる思い込みを通してはならない。また、情報に流され、目の前にある状況把握を怠り、物事を勝手に解釈し判断してはならない。

　たとえば、虐待をしてしまう親や虐待を止められない親には、親なりの理由や背景がある。そして、今ある現実に至るまでのプロセスがある。親を一方的に非難する、あるいは物事を点としてとらえるのではなく、親なりの理由を理解し、物事を多角的にとらえていく必要がある。

3．個別化

　演習事例②において、D介と同じような障害を抱えた子どもがいたとしよう。その子どもにもD介と同じように接していけばよいという考えをあなたがもったならば、それは、何の解決にも至らない。同じような障害を抱えた子どもがいたとしても、それまでの生い立ち、家族環境、施設入所理由、さまざまな面をみていくと違う部分がたくさん出てくる。

　したがって、子どもを取り巻くさまざまな環境を考慮し、検討しながら、その子どもに合った支援計画が作成されなければならない。施設の中のたくさんの子どもの中の一人ではなく、一人ひとりの子どもが、一個人として尊重されなければならない。

4．秘密保持

　親や子どもの秘密を守ることは、支援者としての最低限の義務である。もし、彼らの情報を関係者に話す必要がある場合、原則として事前に親や子どもに了承を得る必要がある。現実的にそれがむずかしい場合でも、関係者以外にその情報が漏れることがないよう管理していく、また、支援に関係のない情報は伝えてはならない。相手の秘密を守ることは、その相手との信頼関

係構築にもつながる。もし信頼関係を築いていなければ、どれだけ子どもを受容していたとしても、一個人として尊重していたとしても、子どもの心に近づくことはできない。支援者側からの一方的な関係で終わってしまう。支援者として「つい」「うっかり」といったことは許されず、支援における最低限の原則は守り通さなければならない。

5　今日的な親子関係の支援の課題

　親子関係の支援にあたり、時には、親に偏った感情をもったり、子どもに偏った感情をもったりと、双方の間で揺れ動くことがあるかもしれない。時間の長さの差こそあれ、人はみな、子どもとしての自分を経験しているだけに、親子関係の支援は私的な感情が入りやすくむずかしい。親子なのにどうしてわかり合えないのか、同情と共感の違いを忘れ、一支援者としてよりも、一人間としてジレンマを抱き、さまざまな感情をもち、迷うおそれがある。

　しかし、それでも忘れてはならないことは、施設で子どもたちと一緒に過ごそうとも、自分にだけ心を開く子どもがいたとしても、職員は親にはなれないということである。子どもたちに自分の感情を押しつけ、支配してはいけないということである。そのことを念頭におきながら、自分が日々抱く感情を冷静にみつめること、子どもと支援者としての自分との関係を振り返ること、それらが、親子関係の支援の基本であり課題といえる。

〈参考文献〉
北川清一編『新・児童福祉施設と実践方法─養護原理のパラダイム─』中央法規出版　2000年
木村栄・馬場謙一『母子癒着─母を拒み、母を求めて─』有斐閣　1988年
諏訪茂樹『対人援助とコミュニケーション─主体的に学び、完成を磨く─』中央法規出版　2001年
奈良県社会福祉協議会『ワーカーを育てるスーパービジョン─よい援助関係をめざすワーカートレーニング─』中央法規出版　2000年
長谷川眞人・堀場純矢編『児童養護施設の援助実践』三学出版　2007年

第6章

◆ ◆ ◆ 地域・学校との関係づくり・整備の支援 ◆ ◆ ◆

キーポイント

　一般的に家庭生活は、家族を取り巻く生活環境との相互作用の中で子どもの養育を含む日常の生活が営まれている。乳児院、児童養護施設等の社会的養護施設も例外ではない。特に、児童養護施設等を利用している子どもは、地域の幼稚園や小学校、中学校に通い、幼稚園や学校生活を通して地域社会と日常的なかかわりをもっている。そこで、施設が地域社会から隔絶された特別な空間として存在するのではなく、地域の一員として施設を取り巻く環境と良好な関係を築くことが必要である。

　さらに、乳児院、児童養護施設等は地域社会との良好な関係を築くことにとどまることなく、地域社会で家庭養育を支援する機能を担うことも必要である。乳児院、児童養護施設等は従来からもっている子育てのノウハウを生かし、児童家庭支援センター、ショートステイ、トワイライトステイなど多くのサービスメニューと、そこに付加価値をつけて地域の子育て専門機関（子育て支援サービスステーション）として、地域社会の中で大きな社会資源として役割を果たすことが求められている。

1　地域社会や学校との関係づくりが必要な場面とは

1．児童養護施設の歴史的背景から

　児童養護施設等は、第二次世界大戦後には戦災孤児や引き揚げ孤児、貧困を理由とした措置ケースの支援にあたってきた。その後も貧困や家庭環境に恵まれてこなかった子どもが多く入所してきたという歴史的背景がある。施設が存在する地域社会の中でもこのような認識が施設に対するスティグマ[*1]として根づき、現在もすべてが払拭しているとはいい難いところがある。

　また、児童養護施設等は一般的に施設内のケア（養護）に重点をおいてきたため、地域社会とそれほど密接にかかわってきたとはいい難く、地域住民も、その施設がどのような目的や理念をもって運営されているのか、保育士

＊1　スティグマ
汚名の烙印という意味であるが、社会福祉では福祉を受けることへの偏見、差別的な意味合いで使われることが多い。

や他の職員が子どもにどのような支援をしているのかまったくわからないということも起こりえる。さらに、入所児童は、児童相談所から措置されてくるという経路をとるため、都道府県内の全域から入所してくる。

　したがって、地域住民にとって地域に施設はあるが、近隣、身近な人々がまったく利用していないという奇妙な現象が起きている。また、地域住民に還元されるサービスメニューが少なかったり、まったくなかったりすると、施設は利用価値もなく、理解されにくい存在となってしまう。

２．地域社会や学校との関係づくりが必要な理由

　児童養護施設等に入所してくる子どもは、今まで保護者等と住んでいた所から、施設がある所へ住民票を異動して入所してくる。つまり、施設入所すると施設がある校区の小中学校に必然的に通学して義務教育を受けることになる。

　社会的養護施設に入所している子どもの状況は、表6-1の通りである。その中で、特に児童養護施設に入所している子どもの傾向として、次のような状況がある。

　①　家庭背景は、家庭の中に多くの問題を抱えている多問題家族が多い。
　②　被虐待児童の入所率が59.5％と大変高くなっている。
　③　障害等がある子どもの入所率が28.5％である。その中で、知的障害がある児童が12.3％であり、発達障害（自閉症、アスペルガー症候群、学習障害、注意欠陥多重性障害等）の子どもも入所している。

　このような子どもがもつ特徴としては、自分自身の自己イメージが悪く、自尊感情が低いということが全般的に当てはまる。そして、行動上の特性としては、不注意、多動性、衝動性、他者への攻撃や暴言などがあげられる。

　以上から、幼稚園、小、中学校の先生にとっては指示や指導がむずかしく、クラスの中でトラブルメーカーになりやすい。また、学級崩壊の要因となるケースになりかねない要素を多くもっている。さらに学校を通して子どもが地域社会とつながっているので、学校での入所児童の問題行為が施設に対する偏見につながり、地域との関係を悪くする可能性をもっているのである。

　これらから、日々施設は入所児童が地域社会や学校の中で安心して生活を送れるように、地域社会や学校と連携をとっておくことが大切であり、深くつながっていく必要がある。

表6－1　社会的養護施設の入所児童の状況

・養護問題発生理由（上位5位）

施設種別	乳　児　院	児　童　養　護施　設	情緒障害児短期治療施設	児　童　自　立支　援　施　設	自立援助ホーム
内容	①母の精神疾患等 ②母の放任・怠だ ③養育拒否 ④両親の未婚 ⑤母の虐待・酷使	①母の放任・怠だ ②母の精神疾患等 ③母の虐待・酷使 ④父の虐待・酷使 ⑤破産等の経済的理由	①母の虐待・酷使 ②母の精神疾患等 ③父の虐待・酷使 ④母の放任・怠だ ⑤養育拒否	①母の放任・怠だ ②父の虐待・酷使 ③父母の離婚 ④母の虐待・酷使 ⑤母の精神疾患等	①児童の問題による監護困難 ②父の虐待・酷使 ③母の虐待・酷使 ④母の精神疾患等 ⑤養育拒否

※　「不詳」「その他」は除く

・母子生活支援施設の主たる入所理由（上位3位）

①配偶者からの暴力、②経済的理由による、③住宅事情

・被虐待児の割合

施　設　種　別	児童養護施　　設	情緒障害児短　　期治療施設	児童自立支援施設	乳　児　院	母子生活支援施設	自立援助ホーム
虐待経験あり	59.5%	71.2%	58.5%	35.5%	50.1%	65.7%
虐待経験の種類（複数回答）　身体的虐待	42.0%	64.7%	60.5%	25.7%	34.5%	53.0%
性的虐待	4.1%	8.0%	4.6%	0.1%	3.4%	15.4%
ネグレクト	63.7%	43.9%	53.8%	73.9%	20.5%	50.2%
心理的虐待	21.0%	31.3%	29.4%	8.4%	78.0%	38.9%
虐待経験な　し	35.4%	25.7%	35.3%	61.7%	46.0%	23.7%
不　明	4.9%	3.1%	6.2%	2.7%	3.9%	10.1%

・心身の状況別児童の割合

施　設　種　別	児童養護施　　設	情緒障害児短　　期治療施設	児童自立支援施設	乳　児　院	母子生活支援施設	自立援助ホーム
障害等あ　り	28.5%	72.9%	46.7%	28.2%	17.6%	37.0%
障害等あり内訳　身体虚弱	1.9%	0.6%	1.0%	16.7%	1.9%	2.1%
肢体不自由	0.3%	0.2%	0.1%	2.9%	0.3%	－
視聴覚障害	0.7%	0.2%	0.2%	2.8%	0.4%	0.3%
言語障害	1.0%	0.5%	0.1%	2.6%	1.1%	－
知的障害	12.3%	14.0%	13.5%	5.8%	4.5%	9.8%
てんかん	1.2%	1.4%	0.7%	2.1%	0.6%	0.8%
ADHD	4.6%	19.7%	15.3%	0.2%	2.0%	6.4%
LD	1.2%	1.9%	2.2%	0.0%	1.1%	1.3%
広汎性発達障害	5.3%	29.7%	14.7%	1.3%	3.7%	6.4%
その他の障害等	7.7%	35.8%	13.8%	7.5%	6.1%	18.4%

資料　厚生労働省雇用均等・児童家庭局家庭福祉課「平成25年児童養護施設入所児童等調査」2017年より抜粋

2　児童福祉施設と学校との連携

1．施設と学校との関係づくりのポイント

⑴　施設と学校との協働体制が不可欠である

　子どもが過ごす1日の中で、家で過ごす時間8時間、寝る時間8時間、学校で過ごす時間8時間というように、3分の1は学校で過ごす。子どもの人格形成や発達成長にとって、家庭教育が大きなウエートを占めていることはいうまでもないが、学校教育で子どもは、知育・徳育・体育など総合的な領域の教育を受けて、生きる力をつけて意義のある人生に向けての基礎を築くのである。

　そこで、子どもの施設担当保育士や指導員と学校のクラス担任のみならず、以下のとおり施設と学校との全体的な相互理解を深めることが大切である。
　①　施設長と学校長との関係
　②　教頭と主任の関係
　③　担当保育士とクラス担任との関係*2
　④　施設、担当保育士とPTAとの関係

＊2　小学校はクラス担任制、中学校は教科担任制であることを頭に入れておこう。

⑵　施設と学校の相互理解を深めていくために

　施設と学校との相互理解を深めていくためには、施設の現状や学校の現状をお互いによく知って歩み寄ることが大切である。そのための方法としては、施設と学校との定期的な連絡会や情報交換会を開催することが有意義である。

　また、施設側からのアプローチとして、学校長に法人の理事や評議員として施設の運営に参画してもらい、実状や現状を知ってもらうという方法をとっているところもある。

　一方、保育士が学校の現状や雰囲気を知っておくために、学校行事（参観日、懇談会、学年活動等）に積極的に参加して関係を深めていくことが大切である。

⑶　施設とPTA活動

　PTAの役員は、地域の中でキーパーソンであることが多い。その役員とともにいろいろなPTA活動をすることによって、保育士が地域の人と顔見知りになり、学校の情報や地域の情報を得ることができる。そして、PTA

活動を通して、保育士がつくったネットワークは、学校や地域から施設を理解してもらうことへとつながっていく。施設によっては、施設長がPTA会長等や役員を引き受け、積極的なかかわりを展開しているところもある。

●演習事例①●

小、中学校の先生との関係づくり

●本人の紹介

本人：S男（10歳、小学4年生）義父から身体的虐待を受けて児童養護施設に入所。行動特性として、他の子どもに対してすぐに暴言や暴力が出る

●支援者の紹介

T保育士：35歳　女性　児童養護施設に勤務して15年。S男を担当して1年

●事例の概要

　S男が社会の授業中、グループで話し合いをしているときに、ふざけているところをクラスの友人に注意をされ、それに腹を立て言い争いになり、教室を飛び出したとクラス担任の先生から連絡が入る。その後、担当のT保育士がクラス担任と面談し、S男について施設と学校との考えを調整して今後の支援の方針を確認した。

●事例の経過と支援過程

◆クラス担当の先生から連絡が入る

　○月△日、A小学校4年3組のクラス担任の先生より、今日の社会の授業中、グループで話し合いをしているとき、S男がふざけていて、他のクラスの友人に注意をされたことに腹を立て言い争いになり、教室を飛び出したとの連絡が入った。

　S男の担当であるT保育士は、クラス担任から状況説明を受けた後、「すみませんでした。状況はよくわかりました」と謝罪をした後、「先生、今日の放課後、お時間がありますか。S男のことでお話がしたいのですが」と尋ね、放課後に学校で話し合いの場を設定した。

● Ｔ保育士の対応

　電話を切った後に、Ｔ保育士はクラス担任と会う前に、Ｓ男が入所してからのケース記録を改めて読み直した。Ｓ男は義父より身体的虐待と心理的虐待を受けて入所した児童であると入所の主訴や生育歴から確認、また、行動の特徴として、落ち着きがなく集中力が欠如しがちで、すぐに暴言や暴力が出てしまうという特徴があることも確認した。

　さらに、Ｓ男が入所してからの個人記録をチェックし、行動の修正がされている部分、成長しているところ、対人関係面で改善されているところをまとめてみた。

◆Ｓ男の学校での様子

　Ｓ男が学校より帰ってきたときに、今回の件をＳ男から状況確認し、今の気持ちを確認した。その後、小学校に行き、クラス担任と面談をした。Ｔ保育士は、Ｓ男の学校での様子を尋ねると、「授業中はいつも落ち着きがなく、ときどき歩き回ることもある。友人とのトラブルも多く、担任は困っている」とのことであった。

● Ｔ保育士の対応

　クラス担任からＳ男の学校の様子を一通りきいた後、Ｔ保育士は、「そうですか。Ｓ男が学校で多くの問題があるのはよくわかりましたし、先生がお困りなのも理解できます。しかし、施設では、Ｓ男が入所してから徐々にではあるが落ち着きをみせはじめ、施設の他の子どもへの暴言や暴力も少しずつは減少していますし、成長しています。少しでもＳ男のよいところをみていただけませんか」と伝えた。また、「今回教室を飛び出したのは、決して

よくないことをＳ男も理解しています。しかし、Ｓ男なりに友人への暴言や暴力になりそうな自分の感情を抑えるために、その場から離れ、落ち着きを取り戻そうとしたのです」という、Ｓ男の気持ちを代弁した。

◆Ｓ男に対する支援方針の確認
　その後、Ｓ男についてクラス担任といろいろと意見交換をし、今後の方針として次の３点を確認した。
　　①　施設と学校とがもう少しお互いに連絡を密にしていく
　　②　Ｓ男についてのよいところを探し、『よかったノート』を作成し、温
　　　かく見守る
　　③　必要があれば施設側が学校に行き、クラス担任と話し合う
　以上の３点を踏まえて支援した結果、Ｓ男は紆余曲折をしながらも施設と学校との連携のもとに、徐々に落ち着いて生活を送れるようになった。

●演習課題
１　施設と学校との連絡・調整について、必要なプロセスを考えてみましょう。
２　クラス担任と会う前に担当保育士Ｔが準備したことについて、その意味を考えてみましょう。
３　Ｔ保育士がクラス担任のもっているＳ男への気持ちを受容し、共感したことについて、どのような社会福祉援助技術の技法が含まれているかを考えてみましょう。
４　Ｔ保育士がクラス担任と今後の方針を確認した意義について考えてみましょう。

２．学校との連携を進める上での留意点

　演習事例①では、Ｓ男のクラス担任からの連絡に対して、Ｔ保育士は冷静に対応し、面談の時間をとってもらうことによって施設と学校の立場の違いや考え方を確認して、話し合う場を設定したことにまず注目したい。
　また、Ｔ保育士はクラス担任と面談する前に、Ｓ男のケース記録や個人記録を再読することによって主訴や生育歴を確認し、Ｓ男の特性をまとめた。そして、Ｓ男が徐々にではあるが成長し発達しているところや問題行動が改善されているところに着目したことは、子どもの理解につながり、事例では

子どもの最善の利益や教育を受ける権利等の擁護につながっていく。

　また、本事例の場合は、Ｔ保育士がＳ男の立場になって考えた一方で、Ｓ男のことだけを伝えるのではなく、クラス担任がもっている気持ちに共感してから問題点を整理し、今後の共通した方針につなげた。このことが、施設と学校との立場の違いにもかかわらず、子どもの本質や理解を深めてもらえるということにつながったのである。

　本事例の注目すべき点は、保育士などの福祉専門職は入所児童の個人情報については守秘義務があり、基本的には施設外の人物には話してはいけないので、Ｔ保育士もそのことを忠実に守った。ただし、ケースによっては守秘義務を守ってもらえるという条件で、関連機関や学校との連携をとる場合に情報を共有することがある。その他、クラス担任がＳ男の行動に対して悩んでいることに対して、社会福祉の専門家としてアドバイスをしている。これは必要なことであり、お互いが連携や協力体制をとるときには有効である。

3　社会的養護施設と地域の関係づくり

１．児童養護施設等の社会的養護施設が地域の子育て支援の役割を果たさなければならない理由

(1)　現代社会の背景および子育ての現状

　現代社会が、社会構造的にさまざまな問題や歪みを抱え、家庭生活や子育てに影響を与えていることは周知のことである。そして、子どもを施設に入所させるに至っていなくとも、多くの問題を抱えて何とか家庭生活を営んでいる家族や一時的に福祉サービス等の支援を必要としている家族も少なくない。

　以下に、現代社会の問題点や課題を整理してみた。一度それぞれの問題や課題について考えてみていただきたい。

　①　核家族や少子化の中で、子育ての知識や技術が伝承されにくい
　②　都市化・過疎化等による地域コミュニティの変化と近所づきあいの疎遠化
　③　子どもの遊び場の減少
　④　不登校児や高校中途退学児の増加
　⑤　育児不安・育児ノイローゼの母親の増加
　⑥　家庭養育機能の低下

⑦　子ども虐待の急増

(2)　児童福祉施設の子育て支援機能の特徴

　現代社会における家庭や子育ての問題について、特に子育てや児童福祉の問題は基本的に児童相談所が窓口となって問題解決にあたる。しかし、日々養護・養育にあたる社会的養護施設ではその実践の蓄積もあり、入所児童だけではなく、地域の子育て支援の社会資源としての役割も期待されている。

　次に児童養護施設を例にとりその特徴をまとめてみるので、社会的養護施設が行う子育て支援の意義について考えてみていただきたい。

　　①　児童養護施設は、保育所や通所施設と違って24時間子どものケア体制
　　　をつくれる。

　　②　子どもの年齢に応じて幅広く受け入れられる。

　　③　子どもの発達年齢に応じたケアの蓄積とノウハウをもっている。

　　④　これまで不登校児や軽度の非行、家庭環境等の環境上の理由により、
　　　社会生活が困難な子ども等の支援に積極的に取り組んできた実績がある。

2．児童養護施設等の社会的養護施設が行っている子育て支援事業

　児童養護施設等の社会的養護施設では、地域の子育て支援等を行うために、公的、または施設独自のさまざまな事業を行っている。以下に主な事業の概要を示すので、地域との関係づくりにおいての施設の機能・役割と関連づけてみていただきたい。

(1)　子育て短期支援事業（公的事業）

　この事業は、子どもを養育している家庭の保護者が疾病等の社会的な事由や仕事の事由等によって、家庭における子どもの養育が一時的に困難となった場合や母子が夫の暴力により緊急一時的に保護を必要とする場合等に、児童福祉施設等において一定期間、養育・保護することにより、これらの子どもやその家庭の福祉の向上を図るために実施されている。

　なお、この事業には、次の２つのメニュー（事業）が用意されている。

①　短期入所生活援助（ショートステイ）事業

　この事業は、子どもを養育している家庭の保護者が疾病等の社会的な事由（疾病、出産、看護、事故、災害、冠婚葬祭、失踪、転勤、出張および学校等の公的行事への参加）によって家庭における子どもの養育が一時的に困難となった場合や母子が夫の暴力により、緊急一時的に保護を要する場合等に、

児童福祉施設等において一時的に養育・保護するものである。

　なお、母子の保護を行う場合には、児童福祉法に規定されている母子生活支援施設が利用され、乳児の場合には乳児院が、幼児や学童の場合には児童養護施設などが利用される。養育・保護の期間は7日以内としている。ただし、市町村長がやむ得ない事情があると認めた場合には、必要最小限の範囲内で延長することができる。

②　夜間養護等（トワイライトステイ）事業

　この事業は、保護者が仕事やその他の理由により平日の夜間または休日に不在となり家庭において子どもを養育することが困難となった場合、その他の緊急の場合において、その子どもを実施施設において保護し、生活指導、食事の提供等を行うものである。

　実施主体は、あらかじめ市町村長が指定した児童養護施設、母子生活支援施設、乳児院、里親等である。

（2）　児童家庭支援センターが行っている事業（公的事業）

　児童家庭支援センターは、地域の子どもの福祉に関するさまざまな問題に対して、地域住民（子どもを含む）からの相談に応じ、必要な助言を行うとともに、保護を要する子どもやその保護者に対する指導を行い、あわせて児童相談所、児童福祉施設等との連絡調整等を総合的に行い、地域の子ども、家庭の福祉の向上を図ることを目的としている。

　なお、児童家庭支援センターは、児童福祉施設の相談指導に関する知見や、夜間・緊急時の対応、一時保護等にあたっての施設機能の活用を図る観点から、乳児院、母子生活支援施設、児童養護施設、児童心理治療施設および児童自立支援施設に附置されている。

　児童家庭支援センターでは、次のような事業を行っている。

① 　地域・家庭からの相談に応ずる事業

　地域の子どもの福祉に関するさまざまな問題における、子どもに関する家庭などからの相談のうち、専門的な知識および技術を必要とするものについて、必要な助言を行う。

② 　市町村の求めに応ずる事業

　市町村の求めに応じ、技術的助言や必要な援助を行う。

③ 　都道府県[*3]または児童相談所からの受託による指導

＊3　指定都市および児童相談所設置市を含む。

　児童相談所において、施設入所までは必要としないが、保護する必要性が高い子どもや、施設を退所して間もない子どもなど、継続的な指導措置が必要であるとされた子どもやその家庭について、指導措置を受託して指

＊4　民生委員・児童委員
　厚生労働大臣の委嘱によって任命され、市町村区域についての社会福祉を援助、支援する民間の奉仕者である。民生委員は民生委員法、児童委員は児童福祉法に規定されている。

導を行う。

④　里親等への支援

　里親およびファミリーホームからの相談に応じる等、必要な支援を行う。

⑤　関係機関等との連携・連絡調整

　子どもや家庭に対する支援を迅速かつ的確に行うため、児童相談所、市町村、里親、児童福祉施設、要保護児童対策地域協議会、民生委員・児童委員*4、学校等との連絡調整を行う。

図6−1　児童家庭支援センターの流れ

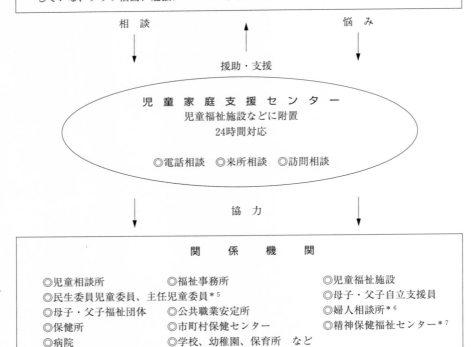

＊5　主任児童委員
　厚生労働大臣の委嘱によって任命され、民生委員児童委員と協力して、市町村区域について、主に児童福祉を援助、支援する民間の奉仕者である。
＊6　婦人相談所
　女性が心豊かな家庭生活や社会生活を送れるよう、電話相談や来所相談、婦人問題の啓発活動などをしている相談機関である。売春防止法に基づき、都道府県に設置されている（任意設置）。
＊7　精神保健福祉センター
　精神保健および精神障害者の福祉の増進を図るため、知識の普及、調査、研究、相談、指導を行っている。精神保健及び精神障害者の福祉に関する法律に基づき都道府県に設置されている（任意設置）。

資料　山縣文治編『よくわかる子ども家庭福祉』ミネルヴァ書房　2002年を一部改変

（3）　児童養護施設等が地域へのサービスとして行っている事業

①　養育相談、電話相談

　複雑化した現代社会の中で、家族形態として核家族化が進み、地域コミュニティの機能も低下しているので、身近に相談できる相手がなく母親が孤立化している場合、育児不安や育児ノイローゼに陥りやすい。母親のこのような状態が続くと虐待に移行する場合がある。

　母親の育児不安を施設が養育相談や電話相談で受けとめることによって、不安が解消され子どもと向き合えたり、虐待へと発展することへの予防になる。

②　病児保育および病児ケアサービス

　共働き家庭が多くなっている現在、子どもが急に病気にかかった場合どうしても仕事を休むことができない場合が生じてくる。しかし、現行の保育所のシステムでは、病気をしている子どもを預かることができないので困ってしまうケースが出てくる。そのような場合に、保育所にかわって児童養護施設が数時間、もしくは親の仕事の都合に応じて預かっている場合がある。

③　施設行事への招待

　施設では、各種のお祭り、キャンプ、ハイキング、スポーツ大会など、年間を通してさまざまな行事が計画される。このような行事に対して、地域の子どもたちに参加を呼びかけることによって、施設の子どもと地域の子どもが交流を深め、お互いに成長を促す機会になる。

　施設では、地域へ出ていって協力するとともに、地域のニーズに合わせた役割を果たしていくように積極的に支援サービスを展開することが大切である。施設と地域がお互いに相互協力することによって、本当の意味での理解が得られるようになってくる。

●演習事例②●

地域と施設とのかかわりを深める事業展開

●事例の概要

　児童養護施設に勤務するH保育士が、今までかかわってきた他の機関・団体との連携や協力の下に、施設のお祭りを成功させる。また、このお祭りをとおして地域への働きかけ、施設の理解が一層深まっていった。

●事例の展開

◆職員会議にて

　職員会議の議事に「地域交流事業について」という項目があり、園長の説明が始まった。

　「昨年まで、クリスマス会に保護者やボランティアを中心に地域の方も招待していたが、今年度はこの事業をもう少し発展させて施設のお祭りをやろうと考えている。理由については、地域に根ざした施設、地域に開かれた施設づくりをめざし、将来的には地域の子育て支援ステーションのような機能と役割をもちたいと考えている」と提案した。そして、この事業について職員の意見がききたいと続けた。

　U指導員より「入所している子どもの支援だけでも大変なのに、そこまでやる必要があるのですか？　実際にやろうと思えば負担が大きすぎる」と意見が出された。

　重たい雰囲気の中でその後意見はなかなか出なかったが、H保育士より「今日お祭りをやるかやらないのかを決めるのではなく、検討委員会をつくればよいのではないでしょうか」と意見が出され、多数の賛同を得て「まつり検討委員会」が立ち上げられた。検討委員会のメンバーとして、主任指導員、主任保育士、N指導員、H保育士の4名が選出された。

◆検討委員会の結論と地域への働きかけ

　「まつり検討委員会」では、賛否両論のさまざまな意見が出されたが、最終的に施設のお祭りをやる方向で話がまとまった。お祭りを開催する方法として、施設の職員だけで行うのではなく、地域の人々にも協力を得ようということになった。

　検討委員会のメンバーは他の職員に働きかけ、施設のお祭りに協力してもらっているボランティアの他、今まで関係を深めてきた地域の自治会、子ども会、地区福祉委員会、民生委員、幼稚園、小・中学校のPTAや先生等に、施設のお祭りの趣意書を持参してお願いに行ってもらうようにした。検討委員会の各メンバーも今までかかわってきた団体に働きかけ、H保育士はPTAの役員と子ども会の役員を担当して、協力を得られることとなった。

　施設の祭りは、11月3日の文化の日に開催され、当日の催し物としてアトラクション、模擬店、バザーなどが3会場に分かれて行われた。バザー販売の応援には、自治会、地区福祉委員会、民生委員の方々、模擬店で焼きそば、お好み焼きなどの食べ物の販売には、小・中学校のPTAのメンバー、アト

ラクションの子ども広場の担当には幼稚園の先生などが協力してくれた。

お祭りは、約800人もの来場者があり、大盛況のうちに終わった。

●演習課題

1　地域に根ざした、開かれた施設運営をめざすために必要なことを考えてみましょう。

2　他の機関・団体との連携を図るために大切なことは何でしょうか。

3　施設の専門性を地域に還元するために必要な条件を考えてみましょう。

●演習事例③●

施設保育士と子ども会活動との協働作業

●事例の概要

　M保育士が勤務する児童養護施設の地域では、子ども会のクラブ活動として、男子はソフトボールクラブ、女子はキックベースボールクラブがある。春と秋には町で大会を行っている。

　M保育士は、キックベースボールクラブのサポーターとして子ども会活動にかかわり、施設に入所する子どもたちと地域の子どもがともに育つこと、地域の親などとのかかわりの大切さを実感した。

●事例の展開

◆子ども会の役員になって

　ある年の3月後半の職員会議で、来年度の地域の子ども会役員を誰が担当するか話し合われた。

　まず今年度の評価として、職員が地域の子ども会活動に参画する意味が次のように報告された。

①　年間を通して地域の子どもの保護者と一緒に活動したことによって、施設と地域の距離が近くなり、施設理解につながった。また、お互いに協力関係が構築できた。

②　保護者の子どもに対する教育観や育児観を実感できた。

③　保育士として手遊びや集団遊びの技術が役に立ち、とても子どもや保護者から喜ばれた。

そして、主だったことが述べられたあと役員選出が行われて、施設保育士として3年目を迎えるM保育士が、地域の子ども会のお手伝いをすることになった。

◆キックベースボールクラブのサポーターとなって

　M保育士は、4月に地域の子ども会の役員会に初めて出席した。そこでは、議事として役員の自己紹介、年間予定の確認、年間予算の確認等が行われた。議事の最後に、「今年度は女子キックベースボールクラブをサポートしてくれる保護者が少ないので協力してほしい。キックベースボールの練習は、隔週の日曜日午前10時から小学校のグラウンドにて行われる予定である」とのことであった。M保育士は、施設の勤務ローテーションのことや自分が勤務を抜けることで他の保育士に迷惑をかけるなど考えたが、この役を引き受けることにした。

　実際に活動が始まると思った以上に負担が重く、休日や時間外でキックベースボールクラブのサポートをしなくてはならないことが多かった。しかし、同僚の保育士たちの理解や励ましに支えられ、なによりも励みになったのは、施設の子どもたちが地域の子どもたちとともに同じ目標をもってがんばっている姿が実感できたり、保護者や地域の子どもたちからの感謝の気持ちを強く感じたので、最後まで協力を惜しまなかった。

　女子キックベースボールクラブは春期大会では残念ながら準優勝に終わったが、秋期大会では念願の優勝をすることができた。そして、子どもたちの歓喜の輪の中にサポーターとして一緒に入ることができ、感動をともにする

ことができた。年度末の3月に行われた役員会やお別れ会で、地域の子どもや保護者の方からM保育士に対して笑顔でたくさんの感謝の言葉が贈られた。

　M保育士は、子ども会活動や女子キックベースボールクラブのサポート活動を、施設の業務の一環として理解して支えてくれた他の保育士に感謝するとともに、地域の中で育つ子どもたち（地域の子どもと施設の子ども）の成長をみることができた。また、このような地域との協力が施設の偏見を取り除き、地域の一員として認めてもらえることにつながると強く実感した。

参考　子ども会活動の年間活動例

4月	新入生歓迎会	10月	地区対抗運動会
5月	ハイキングおよびバーベキュー大会	11月	秋期スポーツ大会
6月	春期スポーツ大会	12月	クリスマス会
7月	プール活動	1月	新春子ども大会
8月	キャンプ、ラジオ体操	2月	節分の行事
9月	写生大会	3月	6年生お別れ会

> ●演習課題
> 1　施設が地域へ働きかけることがなぜ必要なのかを考えてみましょう。
> 2　保育士が地域援助に対して担う役割には、どのようなことがありますか。
> 3　子どもが地域の一員として育つためには、どのようなことが必要条件となるのでしょうか。

3．地域との協力関係を築くにあたって

(1)　地域との交流事業の意味

　演習事例②では、施設が今まで根気強く続けていた地域の機関や団体との関係づくりが、施設のお祭りを成功させた要因といえる。施設が必要なときに協力してもらうのではなく、各種関係団体とお互いに協力しあえる関係づくりを日頃から心がけていくことが大切である。

　子どもは地域で育つものである。だから、施設に入所している子どもたちも地域の一員として認識してもらうことが、子どもの最善の利益につながっていく。そのためには、イベントをしただけで終わるのではなく、この機会を施設が地域から信頼を獲得して、専門性を還元するための準備であることも忘れてはならない。

　地域との交流事業や支援を行うには、地域との相互関係の構築が大切である。そして、施設運営上の理念や民主的な施設運営、将来に対するビジョン

を明確にするなど施設長のリーダーシップも大切となる。

(2)　施設の社会化

　演習事例③では、施設保育士として3年目にもなると仕事に対する自信も芽生えはじめ、周囲の状況がよくみえてくるようになる。このような時期に改めて地域とのかかわり、事例では子ども会へ役員として参画することはとてもよい機会となる。しかし、施設の業務外に他の団体に協力するということは、本人にとっても施設にとってもとても負担となるというリスクがついてまわる。M保育士は、他の保育士からも理解してもらい、支えてもらいながら活動をした。このことは、施設長をはじめ施設全体が地域へ根ざした施設づくりをめざしているからこそできることである。

　M保育士は子ども会の担当保育士として、施設と地域の子どもたちが一つの目標に向かって協力する姿をみて、本当の意味のノーマライゼーションやインテグレーションを実感したのである。このことが、施設の社会化につながると実感できたことはとても有意義であり、施設保育士としてもってほしい視点である。

4　今日的な地域と学校との関係づくりや調整・支援の課題

　児童養護施設の子どもたちは、児童相談所を通して措置で入所してくる。つまり、各都道府県内の全域から入所してくるのである。一方、地域住民や学校の先生にとって、地域の児童養護施設等の社会的養護施設は直接還元されるサービスメニューがとても少ないので、存在価値が理解されにくいという現実がある。もっといえば、地域の中に施設はあるが、どのような目的で運営されているのか、どのような職員が子どもの支援にあたっているのかまったくわからないという現実が起こり得るのである。

　これまで児童養護施設等の社会的養護施設は、一般的に施設内部だけで入所児童に対する支援に重点をおいてきたために、地域とそれほど密接にかかわってきたとはいい難い。地域のかかわりといっても、グラウンドや施設のホールなどを開放したり、地域の行事に参加するといった程度であった。

　これからの社会的養護施設は、24時間子どもを支援しているというメリットを十分に生かし、学校や地域社会に対して子どもへの支援のノウハウを還元していかねばならない。そのためには、社会的子育て支援の中心として一

般家庭等のすべての子どもを対象とした問題の早期発見、早期対応で問題の発生を予防できるような「地域の子育て支援センター」的機能をもつことが必要であり、地域の中で中心的な役割を果たしていかなければならない。

　しかし、社会的養護施設の現状は、職員の人員不足などの問題があったり、個々の職員の専門性の向上などといった課題がある。だが、子どもたちの権利擁護や社会からの要請を第一に考えた場合、施設独自で努力して地域住民や学校の先生に理解され地域社会から施設が一般化されるように、施設の社会化を図らなければならない。さらに、地域に根ざした施設づくりを心がけて展開していくことが大切である。

〈参考文献〉
　伊達悦子・辰己隆編『保育士をめざす人の児童家庭福祉』みらい　2012年
　入江実・辰己隆『児童福祉─理論と実際─』さんえい出版　1999年
　神戸賢次・喜多一憲編『新選　児童の社会的養護原理』みらい　2012年
　山縣文治編『やわらかアカデミズム・〈わかる〉シリーズ　よくわかる子ども家庭福祉〔第7版〕』ミネルヴァ書房　2010年
　高橋重宏・山縣文治・才村純編『子ども家庭福祉とソーシャルワーク』有斐閣　2002年

第**7**章

◆ ◆ ◆　　**自己実現・自立への支援**　　◆ ◆ ◆

キーポイント

　　自立とはどのような状態を意味するものか。ここでは、現代の社会的養護を必要とする子どもが施設利用に至る背景と特徴を理解し、保育士に求められる自立への支援とは何かを考えていきたい。
　　特に具体的な養護の実践において、日常生活の中での自立に向けた支援、そして具体的な退所に向けての準備（リービングケア）、退所後の支援（アフターケア）の内容を学び、施設入所時の自立支援計画策定についてもその内容や策定のポイントを学んでいく。

1　自立とは何か

1．自立観の変化—自助的自立から依存的自立へ—

　私たちが日常的に自立という言葉を使うとき、その意味は物事を自分の力で行うこと、他の経済的・精神的支援を受けず自分の力で物事をやっていくことをイメージしがちである。

　1960年代までの社会福祉では、たとえば生活保護法や身体障害者福祉法において自立や更生は、職業に就くこと、保護を受けずに自分の力で生活を営む経済的自立や、支援を必要としない身辺的自立の実現を意味していた。ここでの自立とは、他から支援を受けない自助的自立と考えられている。

　この自立の概念に新しい転換が訪れたのは、障害者の自立生活運動の始まった1970年代以降であるといわれる。障害者がさまざまなサービスや支援を受けながら生活を成り立たせることも自立と考える依存的自立というとらえ方が生まれたのである。

　この実現には、
①　サービス利用の権利主体者として尊重されること
②　その権利を実現可能にする環境や条件を保障すること

が求められる。つまり、援助に依存した生活が前提であっても、その援助が自分の意思を反映した「自己選択」と「自己決定」によってなされることにより、生活のあり方は依存であっても、自己を充分に反映し、自己実現していると考えるものである。その前提として、社会には、その条件や環境を保障する必要がある。

　子どもにおいては、その特性から成長・発達過程にあり、また、社会的地位からみても依存的である。子どもの依存的自立は、社会が一般的に要求する自助的自立と対峙するあり方ではなく、子どもにとって必要な条件であると考える。この自立は、依存的な関係の中で守られ愛されることを通して、発達段階に応じて自己が成長し、日常生活・社会生活の理解や技術を学んでいくことである。

　1995（平成7）年以降、この依存的自立観は、障害者分野だけでなく、他の社会福祉の領域においても受け入れられ、「保護から自立支援へ」などの目標概念や具体的実践課題に影響を与えている。

●演習事例①●

障害（肢体不自由）のある子どもの自立支援を考える

●本人の紹介

　本人：T志（11歳、小学5年生）障害児入所施設に入所して5年

●支援者の紹介

　A保育士：女性　21歳　短大を卒業後すぐにT志の入所する障害児入所施設に勤務する。まだ、1年目であり、ようやく仕事に慣れてきたところである

●事例の概要

　T志は素直でおとなしい性格で、周りの大人や職員のいうことをよくきく子どもである。両下肢に脳性マヒによる障害があり、普段は車いすで移動している。衣服の着脱や食事は何とか自分でできるが、筋緊張のためかなり時間がかかる。集中力もきれ、特に時間がかかってしまう時など、職員から「早くしなさい」と注意を受けることもある。

　A保育士は、新しい職場で不安が多い中で、T志との関係は最初から比較

的スムーズに形成され、また、Ｔ志もＡ保育士にはいろいろな相談や頼みごとをするなど、コミュニケーションもよくとれていることから、Ｔ志の介助を受け持つことが多かった。

●ある場面での支援

平日の午後、機能訓練が終わりＴ志は部屋に戻ってくると、Ａ保育士に「汗をかいたから着替えを手伝ってくれない」と頼んだ。

いつもは着替えさえ用意すれば時間をかけて自分で着替えるはずなのだが、着替えの介助を頼んできたＴ志にＡ保育士は、「どうして今日は自分で着替えないの？」と尋ねると、「訓練が終わったらみんなとビデオをみる約束をしたんだ。自分で着替えているとビデオをみる時間がなくなっちゃう」と答えた。

Ａ保育士は別段深い考えもなくＴ志の着替えを手伝いはじめたが、たまたま通りかかったベテランのＢ保育士が、Ａ保育士が着替えの介助をしている場面をみて、「自分でできることは、自分でやらせて」と注意した。その言葉にＡ保育士もＴ志も顔を見合わせながら何もいえずに従った。

Ａ保育士は、後からＢ保育士に「Ｔ志君の将来を考えれば、まずは身辺自立することが大切だから、できることを安易に手伝ってはダメよ」といわれた。確かに自分はＴ志に対して少し甘いかもしれないが、あの場面で、本当に着替えの介助をしてはいけなかったのだろうかと悩んでしまった。

●演習課題

1　職員から「早くしなさい」と注意を受けることについて、T志はどのように受けとめているでしょうか。その気持ちを推察し、自立を促す言葉かけの注意点を考えてみましょう。

2　T志への支援を考えたときに、身辺処理の自立が生活のすべてにおいて一番大切なのでしょうか。A保育士の行動とB保育士の言葉から、自己実現や自立支援の意味を考えてみましょう。

3　A保育士は、B保育士に注意されたときに何もいえずに従いましたが、なぜ、A保育士はそうしてしまったのでしょうか。また、この場合、A保育士はB保育士にどのように状況を説明するべきだったのでしょうか。

2. 自立の概念

　児童福祉法において障害児入所施設では「独立自活に必要な知識技能」を与えることが目的として明記されている。また、母子生活支援施設、児童養護施設、児童自立支援施設の目的にはそれぞれ「自立の促進」「自立のための援助」「自立支援」が明記されている。

　これは、子どもをただ保護し養育するという家庭機能の代替としての「社会的養護」から、子どもを、権利をもつ個人として尊重し、専門的援助により社会に出るまでの発達の保障と自立支援、自己実現を図るための「社会的養護」として、積極的に位置づけたものといえる。

　社会的養護では子どもが生きる力を身につけ、社会生活を営むことができるようにすること、すなわち社会的自立をめざしていく。

　社会的自立の概念は、主に3つに整理することができる（表7−1）。3つの自立とは、精神的自立、生活の自立、経済的自立であるが、これらは市民として社会で自立した生活を送る基盤を構成するもので、相互に関連している。

　かつての経済的自立が強調される自立観においては、社会的自立は、公的な経済的支援を必要としない就労自立であるととらえることが多かった。

表7−1　自立の概念

社会的自立	精神的自立	自律し、自己決定と自己選択が行え、その結果の責任がとれる
	生活の自立	日常生活動作、身辺自立、日常生活の管理や維持、人間関係の調整
	経済的自立	就労、経済的生活に必要なものを得ることができる

しかし、障害者福祉分野での就労はそれのみで経済的自立には至らず、所得保障は重要なものとなっている。また成年後見制度や日常生活自立援助事業などの利用は、生活の自立であるとともに経済的自立を支えている。社会的養護分野においても、就職困難や離職は多く、就労自立を支えるためには生活の自立だけでなく、精神的自立への取り組みが課題となってきている。

　このようなことから、精神的自立、生活の自立、経済的自立の側面と相互性をもつ社会的自立をめざし、依存的自立も視野に入れて支援することになる。

2　社会的養護における自立に向けた支援

1. 自立支援の実際

(1) 精神的自立の支援

　社会的養護の現場では、しばしば実年齢にしては、感情の表現が稚拙だったり、コントロールのむずかしい子どもに出会う。子ども自身のもっている素質もあるが、施設入所に至る経緯や家族関係などによっても成長に違いがみられる。精神的自立は、必ずしも年齢による発達とともに得られるものではない。また、短期間のうちに学ぶことができるものでもない。

　支援としては、職員や家族との愛着関係や信頼関係の形成、自己肯定感や自尊心へ働きかけること、自己決定や主体的行動の尊重、自己実現への働きかけなどがある。

　かかわりの基本として、受容、傾聴、支持、共感的態度などで子どもの心に寄り添うこと、安定した落ち着いたかかわりをする、将来の可能性を信じるなどがある。日常的に職員や友人、家族との会話やかかわりなどのコミュニケーションによって、思いやり、平等、正直さなど肯定的な体験を積み重ねることが大切である。

　精神的自立は、自分に関心を向け、愛情を示してくれる大人の存在を暮らしの中で実感していくことによって、時間をかけて少しずつ形成されていくものである。特に被虐待児にとって、このような自分を尊重されるかかわりは自己に対するだけでなく、他者の受容につながるといわれている。

　この支援は、子どもの課題というよりも、支援者のかかわりのあり方や質を示すものである。そのかかわりや質を適切に維持できるような職員の配置や研修などによる養護実践力の強化体制、サービスの種類などが保障される

ことが望まれている。

(2) 生活の自立への支援

　生活に関するさまざまな知識や技能を身につけるためには、その基本となる食事、睡眠、清潔や衛生などが安心・安全に継続して体験できていること、生活習慣として身につけることが大切である。

　さらに入所の時点から将来の退所や自立をみすえながら、生活の自立のための具体的な準備として、社会生活の問題場面での対処の方法や知識などを体験するプログラムを、積極的に取り入れることも求められている。

　ここでは、社会生活への準備と社会参加に向けての支援として望まれている事がらを紹介しておこう。

---

① 法律や制度を含む社会の仕組みを知ること
② 職業についての広範な知識と見通しをもつこと
③ 家庭生活を送る上での基礎知識と技術をもつこと
④ 近所づきあいや社会的人間関係のもち方を知ること
⑤ 地方の文化や習慣について学ぶこと
⑥ 金銭を自主的に管理し、使用すること
⑦ 旅行を計画し実施すること

　体験的プログラムでは、次のようなことに留意するとよい。

---

① その内容を一人ひとりの子どもに応じて段階をもって取り組むこと
② すべてを学ばせようとするのではなく、人は社会資源を活用して社会生活することを伝えておくこと。その子の理解や予測されることによっては、相談機関や具体的職種、人物を知らせておくことも必要である
③ いつでもここに相談に来ていいということを伝え、安全地帯があるといえる関係にしておくこと

---

(3) 経済的自立への支援

　経済的自立への支援として、具体的な就職支援は、その後の生活基盤を左右する大切な支援であり、他機関との連携が欠かせないものとなっている。その支援には、就職のための支援と、退所後の進学や就職に関する経済的な支援、就職後の生活が軌道に乗るための支援などがある。

　まず就職のための支援としては、ハローワークによる中高校生からの職業に関する知識、希望や適性などに関する支援があり、施設に出向いて相談や準備講座を実施しているところもある。また、都道府県が所管するジョブカフェでは、若者を対象とした就職に関する相談やカウンセリング、求人情報

の検索などができる。就職支援の社会資源として活用が望まれる。

　退所や就職後には、孤独感や孤立感、職場などでの人間関係の悩みや不安を抱える者も少なくない。

　民間の団体の中には、児童養護施設退所者の就労支援と自立支援として、民間企業と連携して求人、就職後の日常生活や金銭管理、資格取得などあらゆる自立のためのサポートを実施している団体もある。

　社会的養護の子どもたちが活用することのできる事業について、その他に以下のようなものがある。

①　社会的養護自立支援事業

　里親委託や児童養護施設等への施設入所措置を受けていた者で18歳（措置延長の場合は20歳）到達により措置解除された者のうち、自立のための支援を継続して行うことが適当な場合には、原則22歳の年度末まで、個々の状況に応じて引き続き必要な支援を受けることができるようにするものである。

　この事業の必須事業として、支援コーディネーターによる継続支援計画の作成と、生活相談の実施がある。

　ほかに対象者のニーズに応じて居住に関する支援や、生活費の支給、就労相談の実施などの支援がある。特に自立の困難な場合の対応といえるが、将来、生活困窮に陥らないようにすることも念頭に置きながら、専門職を配置した総合的な支援の実施となる。

②　身元保証人確保対策事業

　就職によって退所する場合、家庭への復帰がむずかしいことが多く、就職先、賃貸アパートの契約などの際に、親等による保証人が得られにくい。このため施設長などが保証人になった場合、保証人に損害賠償や債務弁済などの義務が生じたときに賠償額のうち、一定額を支払うという「身元保証人確保対策事業」がある。これによって施設長等が保証人を引き受ける場合の負担を軽減し、必要な場合に保証人を引き受けやすくすることによって保証人を確保し、退所児童の社会的自立を図ることを目的としている。

　実施主体は都道府県で、運営主体は全国社会福祉協議会である。国が定めた実施要領に基づいて、保証人になった施設長等の申し込みを受け、保証人に損害賠償や債務弁済などの義務が生じたときに保証料の2分の1を国と都道府県等が補助して支払う公益的な事業である。

③　自立支援資金貸付事業

　児童養護施設退所者等に対する無利子の貸付金で、生活支援費、家賃支援費、資格取得支援費の3種類がある。児童養護施設等の退所や里親の委託を解除後、保護者等からの経済的支援が見込まれない場合で、生活支援費は大

学等への進学者を対象、家賃支援費は進学者、就職者を対象としている。資格取得支援費は入所中や里親等に委託中や4年以内の大学進学者が、就職に必要となる資格の取得を希望する者を対象としている。

　貸付金であるため返還の必要はあるが、大学等を卒業後1年以内に就職し、かつ、5年間引き続き就業継続したときには返還の債務が免除されるなど自立を推し進める内容となっている。

④　就学・就労等に係る奨学金等各種支援制度

　給付型または貸与型の全国の国や自治体、民間や各大学による、進学（就学）、就労、資格取得、奨学金の種類は、110種類あり、全国および各都道府県の児童養護施設協議会では自立支援に活用することを目的とし情報を共有している。

2．社会的養護における自立支援のポイント

　社会的自立に向けて、子どもの居場所がどこであっても、その実現が保障され援助されることが望ましい。児童福祉施設入所であっても、在宅サービス利用の場合であっても、一人ひとりの発達段階に応じて具体的に自立に向けた養護の内容や配慮による実践が求められる。その社会的養護に共通する自立を支援するための条件を整理すると、次のようになる。

・子どもを主体者・権利者として位置づける
・自立は結果だけでなくそれに向けての発達保障として考える
・専門的援助過程が反映した実践内容をめざす
・自己実現が図れる実践内容をめざす
・時間的・機能的連続性をもったネットワークや支援体制を整備する
・上記の養護実践が実現できるマンパワー体制を保障する

　ここで大切なのは、子どもの自立支援は、一人ひとりの子どもの発達に応じて取り組む必要があるということである。社会的養護の子どもにとって成長は、特に年齢ではかられるものでなく、極めて個人的な時間と体験によってなされる。このためその子ども固有の自立に必要な時間と体験のための環境が保障されるべきであり、社会的養護を必要とする子どもたちの特性を考慮した対応や制度のあり方が望まれるのである。

児童養護施設の自立支援（リービングケア）

●本人および家族の紹介

本人：Ａ男　児童養護施設入所時14歳、退所時18歳
祖母：73歳　両親にかわってＡ男を育てる

●支援者の紹介

Ｎ指導員：男性　32歳　児童養護施設に勤務して10年
Ｙ保育士：女性　26歳　児童養護施設に勤務して５年

●事例の概要

　Ａ男は、人間形成の大切な時期に母親が家出し、父は交通事故で亡くなった。父方祖母が引きとったが病弱で養育能力はきわめて低く、愛情を注ぐ余裕のない不安定な生活環境であった。中学生になって祖母への反抗が強くなり、注意されると暴言、暴力などをふるった。学校では友だちもなく孤立し、中学１年生の２学期には周りの目が気になると登校しなくなった。

　誰にも心を閉ざしてしまう中、近所の住宅に侵入してコンピュータゲームを盗むなど反社会的行動があらわれた。警察からの通告により児童相談所が保護、約１年間の児童自立支援施設生活を経て中学２年生の３学期に児童養護施設に再入所（配置転換）となった。中学卒業を１年後に控え、高校に行きたいと意思を示しているＡ男に、情緒の安定を図りながら、進路の決定、また進学後の挫折を通して、自己決定の力、自立心を養うために行ったリービングケアのケースである。

●事例の経過と支援過程

◆施設への入所当初

　入所当初は、声かけしても言葉数は極端に少なく表情は変わらない。身辺は乱雑で整理ができない、シャツを汚れたまま何日も着ていたりしても不衛生を気にしない。小さなことでも面倒くさがり要求できないなどの行動が目立った。

　●入所当初の支援の課題

　施設での当初の支援の課題は、Ａ男の生活態度や言動から、次の３点に絞

られた。
　①　大好きなバスケットボールの話題などを利用して、保育士から積極的
　　に話しかけて信頼関係を培う。
　②　基本的生活習慣を辛抱強く教えていく。
　③　高校進学を希望しているため、励ましながら学力の向上を促すととも
　　に、適性を見極めていく。

◆進路の決定

　中学校では大好きなバスケットボール部に入部、やがてレギュラーとして
活躍し、次第に交友関係も広がり、明るさと自信がみえてきた。テスト前に
は勉強する姿もみられたが、学力はなかなか伸びなかった。

　進学について中学校学級担任に相談したところ、成績はよくないが授業態
度は悪くなく努力もみられ部活動も熱心なため、ある公立高校の体育科に推
薦してもらえることになった。バスケットボールが続けられることでＡ男は
大変喜び、Ｎ指導員もＹ保育士も安心した。

◆高校生活の挫折を通して

　高校へ進学しバスケットボール部に入部したが、想像以上に練習が厳しく、
１か月後には部を休むようになった。その後、Ｎ指導員、Ｙ保育士、学級担
任、友人の励ましにもかかわらず、次第に学校にも足が向かなくなり、登校
するふりをして祖母宅に無断で帰ってしまうことが繰り返し続くようになっ
た。

　現実から逃避し、自分の殻に閉じこもるようになり、新たな支援の課題を
検討することになった。

●新たな支援の課題

　登校や部活動を続けるということが、本人の心の負担になっていると考え
られた。Ａ男は、自分の弱さや苦しみを打ち明けることが苦手であった。本
人の今の思いをじっくりときき、話をさせることにした。本人の自立にとっ
て、何が大切なことか、何がしたいのか、何を求めているのかを明らかにし
ていくことを支援の課題とした。

◆自己決定と自立の支援

　最初は我を張り突っ張っていたＡ男も、やがて少しずつ苦しい心の内を話
すようになった。いやなことがあると逃げてばかりいた自分がいた。何がし
たいのか、自分の生き方を考えたら？　という問いかけをした。今の高校に

は行きたくないという強い気持ちがあり、自分の気持ちに向き合うことがA男にとって大切なことでもあった。そして、自分の足で高校に出向き退学の意思を担任に伝えた。

　N指導員とY保育士は、これからの進路について就職も含めて自己決定できるよう選択肢を示した。A男は高校だけは卒業したい希望があったため、定時制高校に打診をしたところ、前例はないが、併設の学校適応教室（不登校児などのための教育委員会が設置する教室）に来てみて、「その様子をみて判断しましょう」との返事をもらった。

　その後、A男は自分で考え選んだ進路として休まず教室に通い、その結果、定時制高校に転学が認められた。同時に、職場実習も兼ねて材木店に就職し、社長や職場仲間からも励ましを受けて無事高校を卒業した。

●演習課題

1　A男のリービングケアとして入所当初の具体的なプログラムを討議し、作成してみましょう。

　➡課題の考え方
　最も自立に影響を与えるのは自己の成長です。その精神的自立への配慮をしながら、児童養護施設では、生活施設として学校や社会生活での具体的なかかわり方やあり方の理解を促し、実際の生活に支障がないようにする必要があります。入所当初のA男には具体的にどのような働きかけが考えられるでしょうか。

2　N指導員とY保育士は、子どもの何を育てるために、新たな支援の課題の検討を行ったのでしょう。

　➡課題の考え方
　真の自立のためには、子どもの自己選択や自己決定の体験が必要です。それができるようになるとはいかに大変なことでしょうか。A男の自立に必要な内面の成長について考えましょう。

3　リービングケアに対応する事業には、どのような事業があるのか調べてみましょう。あわせて、地域の就職に関する社会資源としてどのようなものがあるか、調べてみましょう。

3．自立支援の留意点

　児童養護施設に入所する子どもの場合、その家庭状況や制度の上からも、中学卒業と同時に「就職か進学か」の選択を迫られることになる。就職はす

なわち自立と判断され、多くの場合独り立ちを余儀なくされる。しかし、中学卒業後の社会的自立は、近年では非常に困難になっている。そのため施設では、できるだけ中学卒業イコール就職ではなく、高校、あるいは専門学校、大学も視野に入れて長期的な支援計画を立て、時間をかけてリービングケアを行うようになった。とはいっても、演習事例②のケースのように、基本的な情緒的安定を充分得られないまま進路選択をせねばならず、その結果不適応を再発し、未成熟なままの退所もありうるため、大きな困難に陥ってしまうことは少なくない。

　リービングケアは「退所に向けた準備」あるいは「最終段階の退所指導」と解釈されるが、社会生活の方法、技術を教えることはもちろんのこと、子どもの情緒的な安定、自立心、あるいはやる気を育てるために長い時間と失敗経験も含めた機会を利用して、丁寧に辛抱強く子どもと日常的にかかわることを基本とした自立訓練プログラムであることを認識したい。

　以上のように、社会的養護における自立支援の実際は、施設養護のプロセスのリービングケアのような一定期間で完結するものではない。日々の養育において、子どもの体験を多様で豊かにすることや、不調や困難に際して子どもの力を引き出し、意図的な体験となるようかかわることが大切である。そして社会資源やネットワークを利用しながら継続していくものである。

3　自立支援計画の作成とポイント

1．自立支援計画とは

　1997（平成 9 ）年の児童福祉法改正のときに、児童養護施設など児童福祉施設に「自立支援」の概念が付け加えられた。その定義は、「児童が社会人として生活していくための総合的な生活力を育てる」としている。また、2005（平成17）年の厚生労働省雇用均等・児童家庭局通知「児童養護施設等における入所者の自立支援計画について」では、児童自立支援計画の作成の際には「子ども自立支援計画ガイドライン」（児童自立支援計画研究会編）を踏まえて策定するよう示している。ここでは、その中から子どもの自立支援計画の目的や策定時の留意点などについて、学習していく。

2．自立支援計画の目的と策定上の留意点

(1)　自立支援計画の目的

　「子ども自立支援計画ガイドライン」（以下、ガイドライン）では、自立支援計画の目的を「一人ひとりの子どもの状況に応じた支援における到達点や道筋を示し、一人ひとりの子どもの健全な成長発達を保障することにある」としている。

　そのうえで、計画書として文書で明示することで、支援内容や方法を明確化し、必要な支援の優先順位を見定めながら、本人を含む関係者と目標を共有するとともに、支援の責任を明確化することにある。

(2)　自立支援計画策定上の留意点

　児童福祉施設において、自立支援計画を策定する場合、子どもの入所時、もしくは数か月間の支援（観察）をした後にアセスメントを行い、ケース会議等での検討を経て策定される。そこでは、担当者のみならずすべての関係者が参加して組織的に策定していくことが求められる。また、本人・保護者及び関係者の意向を聴取しながらできる限り意向を尊重するとともに、児童相談所とも十分協議しながら策定する。

　ガイドラインでは、計画策定上の留意点として以下の点をあげている。

●自立支援計画策定上の留意点

・機関・施設、個々の支援者、子どもとその家族が取り組むべき優先課題があきらかになるような計画になっているか。
・子どもの最善の利益という視点に立った計画となっているか。
・計画に基づいて取り組む者が、その考え方を理解できるわかりやすい計画になっているか。
・子どもやその家族に対して、計画内容の十分なインフォームドコンセントが行われているか。
・取り組むべき目標や課題は実行可能な内容であり、意欲を喚起するようなものになっているか。
・計画は、子どもや保護者の力量や状態に応じた課題が段階的に設定されているか。
・計画を遂行する上で、促進要因と阻害要因とを勘案しているか。
・支援によって得られる成果やその時期を推察し、評価・見直しの時期を設定しているか。
・限定された条件のもとで生活が展開されるという施設のもつ構造と機能を勘案して計画を策定しているか。

(3) 自立支援計画の評価時期と評価の留意点

　自立支援計画は、施設への入所時もしくは数か月以内に策定され、以後は定期的な評価や見直しが行われる。これは、継続的な評価により、養護の内容をより成長・発達する子どもに適したものとするためである。

　ガイドラインでは、評価の際の留意点をまとめると以下のように示している。

●自立支援計画の評価における留意点

・多角的・重層的・総合的に行うこと。多くの評価者によって、アセスメント票などを活用しながら、多くの視点から評価すること。少なくとも1つの内容について、3つ以上の観点・立場から3つ以上の発生場面・適応場面を対象にして、総合的に評価するよう努めること。
・各評価者間の評価のずれ、評価者とアセスメント票による結果のずれを追求すること。
・的確な支援計画であればあるほど計画通りに展開されることは少ない。予測していた以上に変化し、計画を修正せざるを得ない事態になることが多い。むしろ計画的に進行している場合には、子どもや保護者が表面的に合わせているといった面が背景にあるかないか確かめておくことが必要である。

(4) 具体的記入について

　厚生労働省では標準的書式を示しているが、その記載要領について次のように説明している。

●自立支援計画の記載要領

1　「本人の意向」及び「保護者の意向」には、本人や保護者がどのようなニーズを持ち、どのような支援・治療を望んでいるのかなどについて記入する。また、具体的な支援・治療ニーズ・内容・方法などについての要望がある場合には、その内容を記入すること。ただし、乳幼児の場合には「本人の意向」を省略することは差し支えないが、可能な限り聴取すること。
　　なお、本人と保護者との意向が異なる場合には、それが明確となるよう記入する。
2　「支援方針」については、アセスメントの結果や総合診断及び施設における支援状況から明らかになった支援ニーズに基づき到達したいと考えている内容や方向性などについて記入する。
　　※　支援する側の視点で記入する。
3　ケースの状況によって異なるが、「長期目標」は概ね6か月〜2年程度で達成可能な目標を設定する。「短期目標」は概ね1〜3か月程度で達成したり進展するような目標を設定する。「長期目標」を達成するためにより具体的な目標として「短期目標」を設定する。

4 「支援上の課題」については、アセスメントの結果や総合診断から明らかになった優先的・重点的課題について、優先度の高いものから具体的に記入する。

5 「支援目標」については、「支援方針」の内容を踏まえ、「支援上の課題」に対する具体的な支援目標を記入する。

6 「支援内容・方法」については、支援目標を達成するための支援内容・方法について、回数や頻度などを含めできるだけ具体的に記入すること。

7 「評価」については、計画作成者（担当者）が中心になって、職員による行動観察、評価票をはじめとした客観的評価、子ども本人の自己評価などの資料に基づき、達成状況などについて、ケース検討会議などにおいて、関係職員と検討の上、行う。

  なお、子どもや保護者に計画書を必要に応じて開示することから、この欄の記入内容については、簡潔でわかりやすいこととし、別紙（例：月間評価票などのようなもの）にその詳細な内容について記載するなどの工夫を凝らすことも必要である。

8 特記事項欄には、通信・面会の制限状況や関係機関との連携状況など特記すべき事項について記入する。

9 必要な内容は、様式の枠にこだわらず、枠を広げるなど工夫して記入すること。

　家族を含め子どもをめぐる状況は流動的である。その変化によっては設定目標や具体的支援を修正しなければならない。しかし、養育や子どもとのかかわりによる影響は、数か月経ってあらわれることもあることから、細かな出来事ばかりにとらわれ、養育方針がぐらつくものでもいけない。そのため、子ども・家族の概況を1か月ごとに整理し、記録し、課題と目標・方法を検討するとよいだろう。また、家族・学校等・児童相談所等への連絡や相談の際には、日時・内容・結果を記録しておくことが大切である。

●演習課題
　次の票は、児童養護施設に入所した児童の事例に基づいた入所3か月後の「自立支援計画票」です。幸太さんは、幼少期に母親から虐待を受け、この経験によるトラウマからたびたび盗みなどの問題行動を起こし、母親もそんな幸太さんの行動に振り回されて精神的不安定となり、さらに虐待を繰り返すという悪循環となって児童養護施設に入所しました。すでに自立支援計画票に記入作成されている部分を読んで、空欄になっている「支援目標」「支援内容・方法」を記入してみましょう。できればグループで討論して合議の上作成しましょう。

自立支援計画票

施設名 □□児童養護施設　　　制作者名

フリガナ 子ども氏名	ミライ　コウタ 未来　幸太	性別	○男 女	生年月日	○年　○月　○日 （11歳）
保護者氏名	ミライ　リョウコ 未来　良子	続柄	実母	作成年月日	×年　×月　×日

主たる問題	実母からの身体的虐待。トラウマ・行動上（衝動的行為の暴力）の問題
本　人　の　意　向	母が自分の間違いを認め、謝りたいといっているときいて、母に対する嫌な気持ちはもっているが、確かめてみてもいいという気持ちもある。
保　　護　　者 の　　　意　　向	母親は本児に対するこれまでの養育は不適切なものであったと認識はしている。しかし、母親自身も虐待されていたので、本児の養育をどのようにしたらよいのかは理解していない。だが、本児に対して謝り、関係の改善を望んでいる。
市町村・学校・保育所・職場などの意見	自分が気に入らなければ、クラスメイトに対して乱暴な言葉使いや態度をとる。施設と連携をとりうまく学校に適応させたい。また、学習遅れもあるので地道に対応したい。 （通学している小学校の担任の意見）
児童相談所との 協　　議　　内　　容	入所後の経過（3か月）をみると、本児は施設生活に適応し始めている。自分の問題性についても認識して改善しようとしているが、年少児に対して時々暴言や暴力が出る。 　母親は児童相談所での通所指導を積極的に受けて少しずつではあるが問題性は改善しているので、本児がよいというなら通信などを活用して親子関係の調整を図る。

【支援方針】本児の行動上の問題を改善して、トラウマからの回復を図る。
　　　　　　母親に対しては心理療法を実施したうえで、本児との再統合を図る。

第1回　支援計画の策定および評価　　　　次期検討時期：　　△年　　　△月
子　ど　も　本　人

【長期目標】自尊感情を育み、衝動的行為や暴力をなくす。

	支援上の課題	支　援　目　標	支援内容・方法	評価（内容・期日）
【短期目標（優先的重点的課題）】	被虐待体験により、人間に対する不信感や恐怖感が強い。			年　月　日　曜日
	自尊感情が低くコミュニケーションがうまく取れない。			年　月　日　曜日
	自分がどのような状況になると問題行動を起こすのか、その感情を認識していない。			年　月　日　曜日

家 庭（養 育 者・家 族）

【長期目標】母親が本児との関係でどのような心理状態になり、それが虐待へとどのように結びついたかを理解できるようにする。本児と母親との関係性を改善する。

	支援上の課題	支援目標	支援内容・方法	評価（内容・期日）
【短期目標（優先的重点的課題）】	母親は虐待行為に対する認識は深まりつつあるが、抑制技術が体得できない。			年　月　日　曜日
	母親自身がもつ虐待体験から、本児に対する感情や行動認知が十分身についていない。			年　月　日　曜日
	思春期の児童への養育技術（ペアレンティング）が十分に身についていない。			年　月　日　曜日

地 域（保 育 所・学 校 等）

【長期目標】安定した学校生活を送りながらクラスメイトとうまくかかわりをもつ。学力を向上する。

	支援上の課題	支援目標	支援内容・方法	評価（内容・期日）
【短期目標】	クラスメイトに対して乱暴な言葉使いや態度をとる。			年　月　日　曜日
	クラスにうまく馴染んでいない。			年　月　日　曜日
	5年生の学力が身についていない。			年　月　日　曜日

総　合

【長期目標】児童相談所と機関連携しながら親子関係を修復する。

	支援上の課題	支援目標	支援内容・方法	評価（内容・期日）
【短期目標】	母親と本児との関係が悪く、母子関係の調整・改善が必要。			年　月　日　曜日

【特記事項】

〈参考文献〉

厚生労働省雇用均等・児童家庭局家庭福祉課長通知「児童養護施設等における入所者の自立支援計画について」平成17年 8 月10日

厚生省児童家庭局長通知「児童自立生活援助事業の実施について」平成10年 4 月22日

資生堂社会福祉事業財団編『世界の児童と母性　特集青少年の自立支援』1998年

全国児童養護施設協議会『季刊児童養護』Vol. 28No. 1, 3　Vol. 30No. 1　Vol. 33No.1

全国児童養護施設協議会調査研究部『児童養護施設における自立支援の充実に向けて』2002年

浅倉恵一・神田ふみよ他編集代表『児童養護への招待』ミネルヴァ書房　2000年

浅倉恵一・峰島厚編『子どもの福祉と施設養護』ミネルヴァ書房　2000年

長谷川真人・神戸賢次・小川英彦編『子どもの援助と子育て支援』ミネルヴァ書房2001年

村井美紀・小林英義編『虐待を受けた子どもへの自立援助』中央法規出版　2002年

児童養護における養育のあり方に関する特別委員会報告書『この子を受けとめて、育むために』社会福祉法人　全国社会福祉協議会　全国児童養護施設協議会　2008年

NPO法人社会的養護の当事者参加推進団体日向ぼっこ編『施設で育った子どもたちの居場所「日向ぼっこ」と社会的養護』明石書店　2009年

安部計彦編『一時保護所の子どもと支援』明石書店　2009年

児童自立支援計画研究会編『子ども・家族への支援計画を立てるために─子ども自立支援計画ガイドライン─』㈶日本児童福祉協会　2005年

厚生労働省雇用均等・児童家庭局長通知「社会的養護自立支援事業等の実施について」平成29年 3 月31日

全国社会福祉協議会「身元保証人確保対策事業　利用の手引」2017年

全国児童養護施設協議会「就学・就労等に係る奨学金等各種支援制度等一覧」2017年

厚生労働省雇用均等・児童家庭福祉課「社会的養護の現状について」2015年

第**8**章

◆ ◆ ◆ 児童福祉施設の運営管理 ◆ ◆ ◆

キーポイント

　　ここでは、福祉施設の運営にかかわる内容について学んでいく。施設運営管理には、組織運営管理、財務（経営）運営管理、サービス運営管理、人事管理、人材育成などがあり、最近では、特に福祉サービスの質を高めるためのサービス運営管理において、サービス評価の必要性がいわれている。

　　保育士にとって、施設運営管理は直接関係のないことと思われるかもしれないが、いま、児童福祉施設における施設運営管理は、利用者主体の援助に向けた組織体制のあり方や民主的運営に基づく公平・公正な人事、効果的・効率的な人材育成の実施が求められ、転換を図ろうとしている。

　　ぜひ、その意味と重要性を保育士をめざすみなさんにも理解し、認識してほしい。

1　施設の運営および組織形態

1．公立施設と民間施設

　児童福祉施設には、大きく2つの運営形態がある。1つは、自治体等が設立運営している公立施設である。もう1つは、社会福祉法人等が設立している民間施設である。これらはそれぞれ次のようなプラス面とマイナス面がある。

　① 公立施設

（プラス面）

・財政面、職員配置数や体制面において、民間施設より安定している。

（マイナス面）

・人事異動などで職員の入れ替わりが多く、社会福祉専門職以外の職員も従事している場合がある。また、施設長などの管理職の交代も多い。

・公立であるがゆえに施設運営の柔軟性が乏しく、現状維持思考に陥りやすい。

② 民間施設
（プラス面）
・施設運営に柔軟性があり施設独自の特徴あるさまざまな取り組みができる。
・常に現場や社会の動向に応じた新しい考えの施設運営が取り入れやすい。
（マイナス面）
・財政基盤の不安定さがある。
・職員配置数や体制面が定められた基準ぎりぎりであることが多く、職員の過重労働が問題となる。

2．施設の形態

　これまでの児童養護施設等の入所系施設の形態としては、大舎制・中舎制・小舎制の3形態が中心であった（表8－1）。現在は、表8－2のような小規模な形態でのケアが推進されている。
　このように、大規模な施設養護を中心とした形態から、一人ひとりの子どもをきめ細かく育み、親子を総合的に支援していくことを基本としながら家

表8－1　児童養護施設における大舎制・中舎制・小舎制の概要

大舎制 （1舎20人以上）	大きな建物に、子どもたちが生活し、基本的生活基盤である食事や入浴、学習などは、それぞれ共同スペースを利用し、共通する日課に基づいて子どもたちが大きな集団で生活する。
中舎制 （1舎13人〜19人）	大きな建物の中を各ホーム・ユニットに区切り、その中に、玄関・台所・風呂・トイレが設置されている。大舎制よりも少ない集団で生活する。
小舎制 （1舎12人以下）	同一の敷地内に独立した家屋を建てるなどによって、より家庭に近い小集団で子どもたちが生活する。少数の養育者が、少数の子どもを担当するのが特徴である。

表8－2　小規模グループケアと地域小規模児童養護施設の概要

小規模グループケア	本体施設の敷地内で定員の中から原則6人以上8人以下という小規模なケア単位で、できる限り家庭的な環境の中で職員との個別的な関係を重視したきめ細やかなケアを提供することを重視している。
地域小規模 児童養護施設	本体施設の敷地外に、分園として地域の中に設置された小規模な施設である。そして、近隣住民との適切な関係を保持しつつ、家庭的な環境の中で生活することにより、入所している子どもたちの社会的自立が促進されるよう支援することを目的としている。定員は、本体施設の定員とは別に6人である。

庭養護を推進していくため、養育者の家庭に子どもを迎え入れて養育を行う里親やファミリーホームを優先するとともに、児童養護施設や乳児院等の施設養護についても、できる限り小規模で家庭的な養育環境の形態（家庭的養護）に変えていく時代になってきている。

３．組織形態

まず、一般的な児童養護施設などの児童福祉施設の組織形態を、同じ児童福祉施設である保育所と比べてみよう。

① 保育所の組織

② 児童養護施設の組織（小規模グループケア）

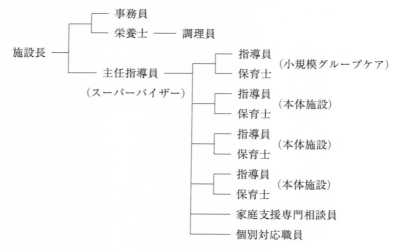

③ 児童養護施設の組織（地域小規模児童養護施設）

④　児童心理治療施設の組織

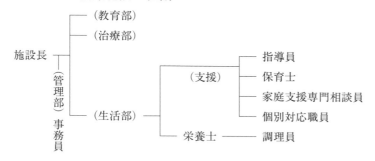

　このように、施設の組織形態は、その建物形態や支援形態によって異なっている。また、保育所と児童養護施設等の違いにおいては、保育士が指導員などとチームまたはペアを組んで子どものケアにあたるところにある。

2　子どもたちを支援する職員とチームワーク

1．子どもたちを支援する職員

(1)　児童福祉施設の職員配置

　児童福祉施設の職員は、それぞれ児童福祉施設の目的や機能によって異なり、児童福祉法や児童福祉施設の設備及び運営に関する基準などによって、必要な職員が配置されている。

(2)　児童福祉施設で働く職種

　次に、主な職種について説明する。

施設長

　施設運営管理の最高責任者であり、対内的には、子どもたちへの監護・教育・懲戒、あるいは親権代行者という性格を基本的にもち、施設を円滑に運営するために、サービス運営管理、財産運営管理、人事運営管理、理事会への働きかけなどの業務がある。

　対外的には、監督官庁との連絡調整、地域との関係および連携などにおいて、施設を代表してあたる役割と責任がある。

保育士

　保育所における保育士は、乳幼児（0～6歳）へのケアと保育計画に基づ

く発達・育成の支援を中心としているが、保育所以外の児童福祉施設における保育士は、年齢が18歳未満の幅広い子どもたちを対象とし、彼らの日常生活を通して支援を行わなければならない。

　具体的には、子どもたちに衣・食・住を基本とした生活習慣を身につけさせ、社会性の向上を促したり、学習指導、自立支援などのきめ細やかな直接的ケアを主な業務としている。また、保護者や関係機関との連絡・調整なども行っている。

　最近では、多様化する子どもたちへの対応として、心の傷を癒したり、心を育むための「治療的支援」や障害を支えるための支援などの専門性を備えた保育士が求められている。

児童指導員

　保育士とともに、子どもたちの日常生活を通して彼らの支援を行っている。具体的には、子どもたちに基本的生活習慣を身につけさせ、スポーツや音楽などの活動を通して社会性を養わせたり、学習指導、自立支援などを主な業務としている。

　その他、保護者や児童相談所、また地域の小、中学校などの関係機関との連絡および調整なども行っている。障害児施設では、子どもたちの健康管理や障害の形態や程度にあった安全な環境確保などの業務もある。

理学療法士、作業療法士

　理学療法士は、身体や精神に障害をもつ子どもたちに、医師の指示によって日常生活動作訓練をはじめ、マッサージ、体操、電気療法、温熱などによる物理的な治療を行っている。

　また、作業療法士は同じく医師の指示によって手芸工作、その他の作業活動によって作業的な治療を行っている。

看護師

　子どもたちの日常生活の健康管理、看護、衛生管理、診療介助などが主な業務である。医療面が主であるが、福祉現場での看護師は社会福祉に理解をもち、子どもたちの健康を支援する。

栄養士

　栄養のバランスを考えた食生活プログラムの作成、栄養指導を業務としている。具体的には、食事の献立作成、栄養計算、調理指導、食品の保存、嗜好調査、衛生管理などがある。

　最近では、地域子育て支援の1つとして、子どもの栄養教室や調理教室を開催している施設もある。

事務員

施設運営を円滑にするため、会計、財務管理、労務管理などの事務処理を行い、関係機関や地域との連絡および調整を行っている。

基本的に事務員は、子どもたちが快適に生活ができるように、また直接援助職員がスムーズに業務ができるように間接的に支援する。

調理員

栄養士の作成した献立に基づき、子どもたちの食事を調理するのが主な業務である。常に、衛生面に留意し、子どもたちに喜んでもらえるような食べやすく、おいしい食事づくりに力を入れて、健康な日常生活が過ごせるように支援する。

以上の他に、児童福祉施設の種類によって、家庭支援専門相談員や個別対応職員、母子支援員、少年指導員、児童自立支援専門員、児童生活支援員、心理療法担当職員、里親支援専門相談員、医師（嘱託）などが配置される。

2．チームワークの大切さ

どの職場においても、チームワークは大切であるとされている。では、児童福祉施設におけるチームワークとは、どのようなことを指すのであろうか。

辰己隆は、「施設内の業務において、保育士個人と子どもたちとの関係場面があるが、施設全体で組織的チームを組んで子どもたちを援助していかなければならない場面もある。その際に、必要とされるのが『チームワーク』なのである。

この場合、ただ単に仲良く業務をしている状態、つまり、曖昧な仲良しグループの状態をいっているのではない。そのチームの目標に向かって、専門職としてお互いが刺激し合い、言わなければならないことは明確に伝え、反省すべきところは反省し、援助し合う状態のことを指している」[1]と述べている。つまり、先述したさまざまな専門職が共通の目標に向かって、集団で活動することを意味する。

さらに、このチームワークづくりに積極的に貢献する姿勢が大切とされている。具体的には、チームメンバー一人ひとりが、次の5つの姿勢をもち行動する。

① チームの目標を明確につかむ
② 自己の仕事の責任を果たす
③ コミュニケーションルートを確立し、情報を提供する
④ 相互援助を積極的に行う

⑤　勝手な個人行動は慎む

これらの努力をすれば、必ずその施設のチームワークは機能するであろう。

3　施設運営と人材育成

1．サービス運営管理について

1990（平成2）年の社会福祉事業法（現：社会福祉法）の改正で、第3条（基本理念）の改正が注目された。それは、改正前「援護、育成又は更生の措置を要する者」であったのが、改正後に「福祉サービスを必要とする者」とされたことである。これは、社会福祉実践の対象が、施設から対象者へという上下関係を基本とした「処遇を受ける者」という観点から、そうではなく施設とは対等な関係である「福祉サービス利用者」になったことに大きな意義がある。

そして、社会福祉の援護、育成、措置などの実践を「福祉サービス」であると規定し、さらに「対象者」を「利用者」にしたことも注目すべき点である。

その10年後、2000（平成12）年の社会福祉事業法から改正された社会福祉法第78条（p.30参照）では、国および社会福祉事業の経営者は、福祉サービスの質の向上のための措置をとらねばならないとしたのである。

では、この「福祉サービスの質の向上」のために、サービス運営管理面では何が考えられるのだろうか。基本的に次の3点が考えられる。

①　利用者がサービスを選ぶこと（利用者本位のサービスの追求など）。
②　援助・支援、またはケアの質を高めること（専門技術の向上、生活の質の向上、財源の確保など）。
③　サービスを評価すること（自主評価、第三者委員苦情解決、第三者評価など）。

では、③の「サービスを評価すること」について具体的にみてみよう。

2．サービス運営管理におけるサービスの評価

(1)　施設サービス自主評価基準

自主評価は、自分たちが行っているサービス内容を、ある基準をもとに自分たち自身の日頃の業務点検の意味も含めて行うものである。比較的簡単に

できるため導入しやすいが、評価者の主観的要素が入りやすいため、客観性
に欠けるというデメリットもある。

　児童養護施設の福祉サービスの質の向上のための自主評価基準には、全国
社会福祉協議会がまとめた「児童養護施設の自主評価基準」がある。その概
要は、①子どもの権利擁護、②サービス内容、③サービス実施体制、④サービス
評価の実施体制の4部を柱とし、特に、①子どもの権利擁護の項目として、

　　・施設長の姿勢・権利擁護に対する職員の姿勢・子どもの意見表明

　　・自己決定・子どもの知る権利・プライバシーの尊重

　　・思想、良心、信教の自由・体罰の防止・不適切なかかわりの防止

　　・不満や不服の受け付けのあり方・不満や不服を解決する仕組みの構築

などをあげており、それぞれの項目ごとに詳しい具体的内容が明示された。

　たとえば、権利擁護に対する職員の姿勢では、「人権侵害などの行為を全
く行わないように徹底している」「常に子どもの最善の利益の観点に立ち、
子どもの権利を擁護している」等が評価基準として明確にあげられている。

(2)　苦情解決の仕組みの導入

　福祉サービスの質の向上や、福祉サービス利用者の権利擁護を実践するた
めに、社会福祉法第82条では、社会福祉事業の経営者に利用者等からの苦情
に適切に対応するよう求めている。そこで、具体的には図8−1のような仕
組みがとられている。

図8−1　福祉サービスに関する苦情解決の仕組みの概要図

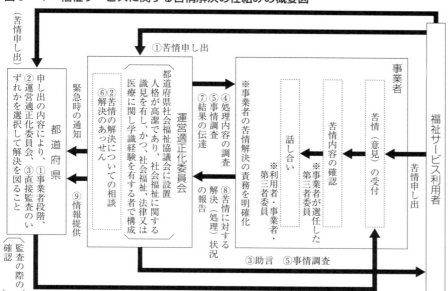

福祉サービスの利用者は、サービスに不満があるとき、事業者に対して苦情（意見）を申し出ることができる。

また、第三者が加わった苦情解決の仕組みの整備や解決が困難な場合に備え、各都道府県社会福祉協議会に、苦情解決のための委員会（運営適正化委員会）が設置されている。

(3) 第三者評価事業

児童福祉施設は、時代のニーズにあった福祉サービスの質を担保するために、公正かつ適切な評価を受ける努力をする必要が生じてきている。

そこで、施設、利用者の間に立った中立的な第三者が福祉サービスの内容を評価する仕組みとして「児童福祉施設第三者評価事業」が開始された。

この第三者評価事業とは、図8－2のように、まず施設がこれまで子どもたちや保護者に提供してきた援助や支援内容について自己評価する。そして、施設を利用している子どもたちや保護者からも評価を受ける。さらに、これらを踏まえて調査者である専門家により、専門的・客観的な評価を受け、サービスの質を高めていくものとされている。

この事業は、2002（平成14）年度より実施され、保育所、児童養護施設、乳児院、母子生活支援施設が対象となっているが、評価の公表、調査者の研修、調査費用の問題など課題は多い。

以上、基本的には「児童福祉施設設備及び運営に関する基準」による施設の運営と設備の基準が設けられているので、その基準さえ満たしておけばサービス面はよいという施設も少なくはない。そこでは、「最低基準」が「最高基準」になっているのである。

しかし、福祉サービスの質が問われている今、各施設のさらなるサービス運営管理の努力が期待されている現状がある。

なお、2014（平成26）年度には、事業所が主体的かつ継続的に質の向上に取り組めるよう「福祉サービス第三者評価事業に関する指針」が改正され、評価項目の整理などが図られた。また、2018（平成30）年度にも、さらなる質の向上や受審促進が図られるようにするとともに、関連制度の改正等による変化への対応といった見直しが行われた。

図8-2　児童福祉施設第三者評価事業の流れ

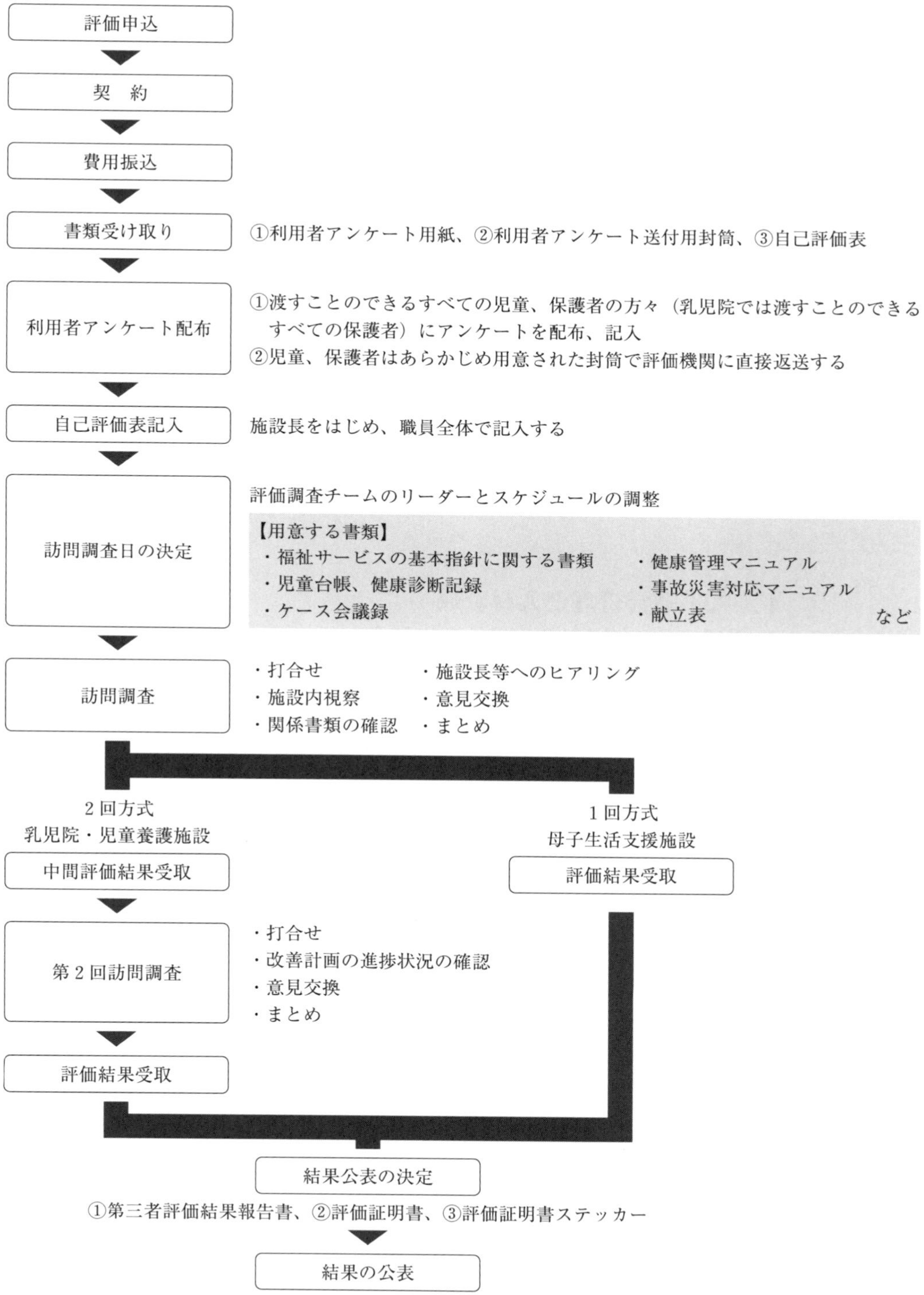

```
┌─────────────────┐
│     評価申込     │
└─────────────────┘
         ▼
┌─────────────────┐
│     契　約       │
└─────────────────┘
         ▼
┌─────────────────┐
│     費用振込     │
└─────────────────┘
         ▼
┌─────────────────┐
│   書類受け取り   │    ①利用者アンケート用紙、②利用者アンケート送付用封筒、③自己評価表
└─────────────────┘
         ▼
┌─────────────────┐    ①渡すことのできるすべての児童、保護者の方々（乳児院では渡すことのできる
│ 利用者アンケート │      すべての保護者）にアンケートを配布、記入
│     配布         │    ②児童、保護者はあらかじめ用意された封筒で評価機関に直接返送する
└─────────────────┘
         ▼
┌─────────────────┐
│  自己評価表記入  │    施設長をはじめ、職員全体で記入する
└─────────────────┘
         ▼
┌─────────────────┐    評価調査チームのリーダーとスケジュールの調整
│                 │    ┌──────────────────────────────────────────────────┐
│                 │    │【用意する書類】                                      │
│  訪問調査日の決定 │    │・福祉サービスの基本指針に関する書類　・健康管理マニュアル │
│                 │    │・児童台帳、健康診断記録　　　　　　　・事故災害対応マニュアル│
│                 │    │・ケース会議録　　　　　　　　　　　　・献立表　　　　　など │
└─────────────────┘    └──────────────────────────────────────────────────┘
         ▼
┌─────────────────┐    ・打合せ　　　　　・施設長等へのヒアリング
│    訪問調査      │    ・施設内視察　　　・意見交換
└─────────────────┘    ・関係書類の確認　・まとめ
```

2回方式　　　　　　　　　　　　　　　　1回方式
乳児院・児童養護施設　　　　　　　　　　母子生活支援施設

```
┌─────────────────┐                    ┌─────────────────┐
│  中間評価結果受取 │                    │   評価結果受取   │
└─────────────────┘                    └─────────────────┘
         ▼
┌─────────────────┐    ・打合せ
│                 │    ・改善計画の進捗状況の確認
│  第2回訪問調査   │    ・意見交換
│                 │    ・まとめ
└─────────────────┘
         ▼
┌─────────────────┐
│   評価結果受取   │
└─────────────────┘
```

```
┌─────────────────┐
│  結果公表の決定   │
└─────────────────┘
```
①第三者評価結果報告書、②評価証明書、③評価証明書ステッカー

```
┌─────────────────┐
│    結果の公表    │
└─────────────────┘
```

資料　一般社団法人全国保育士養成協議会「調査について」を一部改変
　　　http://www.hoyokyo.or.jp/hyk/research/index.html

3．財務運営管理

　児童福祉施設の運営管理の主財源は、公的資金である措置費である。これ以外に、補助金（地方公共団体から）、配分金（共同募金など）、貸付金（独立行政法人福祉医療機構など）、その他の補助金（自動車振興会などからの配分金、企業、団体、一般寄付）、自主財源（法人独自の財源）があげられる。

　措置費は大きく「事務費」と「事業費」に分かれている。「事務費」は施設運営するために必要な職員の人件費や管理費である。「事業費」は、施設を利用している子どもたちのための費用であり、生活諸費、教育諸費、その他の諸費に分けられている。

　たとえば、児童養護施設の措置費の内訳は図8－3のようになっている。

　なお、この措置費以外に補助金や自主財源などがあるが、施設の収入全体に占める割合は微々たるもので、児童福祉施設の現状は、運営費のほとんどを措置費に頼らざるを得ない状況があり、財務運営管理は厳しい状況である。

4．人事運営管理と人材育成

(1)　人事運営管理

　社会福祉施設における人事運営管理とは、最良の福祉サービスを提供するために職員のやる気を起こし、また、職員が個々にもっている能力を伸ばし、人材を育成することであると考える。

　具体的には、表8－1のような人事運営管理のチェックポイントが考えられる。これには、労務管理（就業や労働条件の管理）も含まれるが、人事運営管理として重要なのは、昇格・登用の公平な機会とそれに伴う公正な人事考課を行うための基準の整備であろう。

(2)　人材育成

　人材育成は、基本的にOJT、OFF－JT、SDSの3つの形態を活用して人材育成が行われる（表8－2）。しかし、児童福祉施設では、多くの問題・課題を抱えた入所児童も多く、人材育成に割り当てられる時間は限られる。また、予算的にも新任職員をじっくり育てる余裕はなく、即戦力が求められている現状がある。

　それゆえ、各施設ごとに新任職員から中堅職員、そして指導的職員、施設長等運営管理職員へとつながるステップ・バイ・ステップの人材育成のマニュアルが必要とされている。

図 8 - 3　措置費の内訳（児童養護施設）

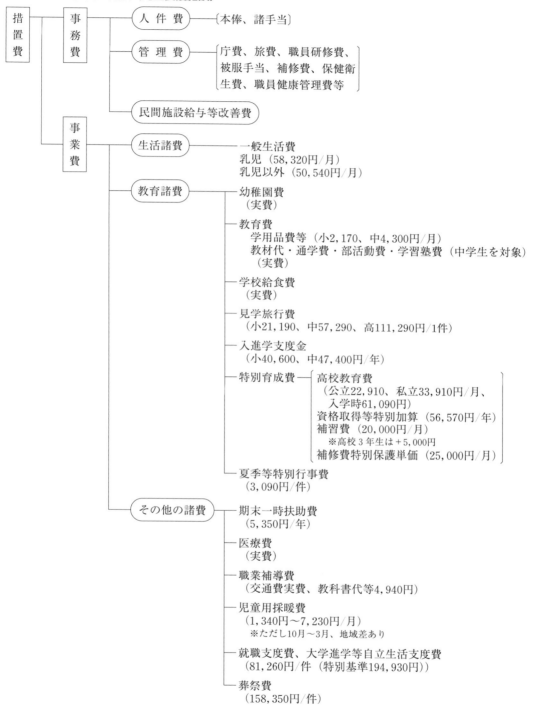

措置費
├ 事務費
│　├ 人 件 費 ──〔本俸、諸手当〕
│　├ 管 理 費 ──〔庁費、旅費、職員研修費、被服手当、補修費、保健衛生費、職員健康管理費等〕
│　└ 民間施設給与等改善費
└ 事業費
　├ 生活諸費 ── 一般生活費
　│　　　　　　乳児（58,320円／月）
　│　　　　　　乳児以外（50,540円／月）
　├ 教育諸費
　│　├ 幼稚園費
　│　│　（実費）
　│　├ 教育費
　│　│　　学用品費等（小2,170、中4,300円／月）
　│　│　　教材代・通学費・部活動費・学習塾費（中学生を対象）
　│　│　　（実費）
　│　├ 学校給食費
　│　│　（実費）
　│　├ 見学旅行費
　│　│　（小21,190、中57,290、高111,290円／1件）
　│　├ 入進学支度金
　│　│　（小40,600、中47,400円／年）
　│　├ 特別育成費 ── 高校教育費
　│　│　　　　　　　　　（公立22,910、私立33,910円／月、入学時61,090円）
　│　│　　　　　　　　資格取得等特別加算（56,570円／年）
　│　│　　　　　　　　補習費（20,000円／月）
　│　│　　　　　　　　　※高校 3 年生は＋5,000円
　│　│　　　　　　　　補修費特別保護単価（25,000円／月）
　│　└ 夏季等特別行事費
　│　　　（3,090円／件）
　└ その他の諸費
　　├ 期末一時扶助費
　　│　（5,350円／年）
　　├ 医療費
　　│　（実費）
　　├ 職業補導費
　　│　（交通費実費、教科書代等4,940円）
　　├ 児童用採暖費
　　│　（1,340円～7,230円／月）
　　│　　※ただし10月～3月、地域差あり
　　├ 就職支度費、大学進学等自立生活支度費
　　│　（81,260円／件（特別基準194,930円））
　　└ 葬祭費
　　　　（158,350円／件）

注　　2019年 4 月 1 日現在
資料　児童養護研究会編『養護施設と子どもたち』朱鷺書房　1994年　p.208を加筆修正

表8−1　人事運営管理を推進するための主なチェックポイント

項　　目	視　　　　点
人事方針、採用計画	・よい人材を確保するには、中期的な事業見通しにたった人事方針、採用計画を策定し、人件費構成等との勘案の中で、要員計画を練る。また採用にあたっては、適性を総合的に判断する必要がある
昇格・登用基準	・昇格は、働くものにとって大きな動機づけ効果をもたらすものであり、経営者の恣意的判断による決定は避けなければならない。昇格基準を明確にして人事考課、面接、試験等の客観・多面評価の手法の導入も考慮すべきである
人事考課の導入と健全運用	・人事考課は単に「差」をつけていくための手段ではなく、個人の現状を一定の基準に従って把握し、次の活動動機につなげていくことが目的である。その意味する内容を正しく理解した上で、真に公平処遇を期すために積極的導入を図る必要がある
労働時間の適正管理	・週40時間制の導入等により、勤務体制のあり方が変わりつつある。関係法規類の改正については常に目を配りながら、いかに所定労働時間内で的確なサービスを提供していくかを考慮する必要がある
超過勤務の適正管理	・超過勤務は、業務上必要な場合に限り命令するものであり、ただ漫然と本人の申請を認めるものではない。これについても関係法規類を十分把握した上で、運営上の必要度と職員の健康への配慮を考え、必要最小限にする施策を講じることが重要である
就業規則・給与規程の整備	・労働条件や就業上の必要条件は成文化して統一的に明示しておく必要がある。無益な労働紛争を回避するためにも、公正な手続きに従った適正化を図っておくべきである。また給与に関する事項は、就業規則の中に必ず定めなければならないが、規定する事項が多く、改正することも考えて、退職金や旅費支払い規定等とともに「給与規程」として別に設けるのが適当である

（「改訂新版社会福祉施設運営指針1」（1994、全国社会福祉施設経営者協議会）より抜粋・要約）

資料　「福祉職員生涯研修」推進委員会編『改訂　福祉職員研修テキスト　管理編』全国社会福祉協議会　2002年　p.37

表8−2　職場研修の3つのパターン

基　本　型（パターン）	レベル		内　容・特　徴	例	推進主体
OJT職務を通じての研修（職場内教育）	職命実施・派遣	職場レベル	●部下一人ひとりに対し、職務遂行過程のなかで必要な知識、技能、態度を実践的に身につけさせる教育 ●意図的・計画的に、さまざまな機会をとらえて継続的に行う教育	●個別指導——業務上の指導・助言、個別スーパービジョン、チューター制指導、同行訓練等 ●集団指導——グループスーパービジョン、ケースカンファレンス等	職場の上司・先輩が部下や後輩に行う
OFF-JT職務を離れての研修（集合研修）		施設全体レベル	●職員に必要な一般的な知識、技能、態度について職務を離れた場所で集中的に身につけさせる教育 ●個別職能に必要な専門知識や技能の教育 ●相互啓発	●職場内——職場内での集合研修、定例学習会等 ●職場外——中央や都道府県研修機関実施研修への派遣、種別協議会その他の団体等実施研修への派遣等	主として教育訓練スタッフが行う
SDS自己啓発援助制度（自己啓発制度）	援助	個人レベル	●個人が必要とする知識や技能を自らすすんで学ぶ ●法人・施設は、本人の意欲を喚起し、促進のための援助を行う	●職場内——職場内自主研究会や職員学習サークルへの援助等 ●職場外——職場外のさまざまな研修への自主的参加に対する援助等	制度的な支援を受けて、個人が行う

資料　全国社会福祉協議会中央福祉人材センター『従事者研修のすすめ』全国社会福祉協議会　1995年　p.10

4　施設運営の演習

1．施設運営における施設長のタイプ別現状と課題

　施設運営における施設長の果たす役割は大きい。高橋重宏他編『子ども家庭福祉とソーシャルワーク』の中で辰己隆は、次のような事例をあげて、子どもたちの「権利擁護」を推進する児童福祉施設の施設長（運営・経営者）への期待と役割について述べている。本章では、この事例を参照して演習課題を考察していこう。

●演習事例●

施設の私物化

●事例の概要

　ある児童養護施設で、A保育士がクリスマス会の準備をしていたところ、ほぼ準備が終わりかけたところにF施設長がやってきて、突然、机の配置替えを命令する。

●事例の展開

　今日は、子どもたちにとって、1年間の締めくくりであるクリスマス会が開催される。施設内だけではなく、保護者や地域の人、友だち、学校の先生を招待し、子どもたちと職員が協力をして、生活発表とランチパーティーを開催するのである。

　オープニングを30分後に控え、会場の集会室をセッティングし終わり、最終打合せをしているとき、突然F施設長がやってきていった。

　「誰が、こんな机とイスの配置をした。すぐに入れ替えろ」とF施設長の怒鳴り声。

　「ええっ！　昨日の朝礼で、この配置図をみながらこれでよいとおっしゃったじゃないですか？」とA保育士。そばにいた他の保育士や子どもたちもけげんそうな顔をしている。

　「何をいっている！　そんなことはきいてない。私が替えろといったら替

えるんだ。誰に向かって意見しているのかわかっているのか！」

「あっ、ハッ、ハイ。わかりました」と仕方なくＡ保育士は答え、急いで机とイスを入れ替え始めた。子どもたちも、この施設長には何をいっても無駄だという顔をしている。

この施設は、１法人１施設の運営であり、戦後まもない時期、初代理事長兼施設長が私財を投じ、社会事業の精神で戦災孤児を保護したのが始まりとされている。

現在は、初代理事長の息子Ｆが２代目理事長兼施設長をし、Ｆの妻が事務長、３代目となる予定のＦの息子が児童指導員見習いとして入っている。俗にいう世襲制の施設運営である。

Ａ保育士は、〝いつものことだ。ここで私が腹を立てれば、せっかくの行事がだいなしになる。子どもたちのため、他の職員のために辛抱しよう。施設を完全に私物化しているこの施設長に、社会福祉を行う資格はない〟と心の中でつぶやいた。

●演習課題

1　この施設では、誰のために施設運営をしているのでしょうか。それを考えた上で、施設がもたなければならない運営理念を考えてみましょう。

　➡課題の考え方
　施設には必ず「施設方針」や「運営理念」が掲げられています。いくつかの施設のパンフレットなどを集めてみて、そこに書かれている構成要素を抜き出してまとめるのもひとつの方法です。

2　この施設においての問題点は何でしょうか。人材育成や意思決定のプロセスから考えてみましょう。

　➡課題の考え方
　人材育成に関しては、表8-3を参考に考えてみましょう。また、意思決定には、決定の基準をどこにおくかで考えてみましょう。

3　この施設で、職員や子どもたちが希望のもてる職場・施設となるためにどのような改善点があるのでしょうか。

　➡課題の考え方
　サービス運営管理の部分から考えてみましょう。

2．施設長のタイプの分類と大切な「権利擁護」意識

(1)　施設長の3つのタイプ

　施設長を3つのタイプに大別してみると、大きく次の3つのようになる。

①　これは、私の施設である。

　施設を私物化し、保育士やその他の職員も私物化してしまうタイプである。「私（施設長）のいうことがきけないなら、施設には要らない。私の信念に合わない保育士や職員のあり方は考えられないので、信念を会得して方針を貫いてほしい」という絶対的権威のもとに運営管理している。

　したがって、保育士や職員は自らを修正し、施設に適応し、職員相互の関係よりは、施設長との個々の関係が尊重され、重視される。「習うよりは慣れろ主義」を期待され、施設においての経験が実力と考えられている。

②　私は、この施設では、施設長である。

　施設を自分の所有物であるという意識はないが、責任者という意識も少ない。「私のもとで各自職務領域を遵守し、他の領域への口出しは慎み、施設のために力をふり絞ってほしい」という姿勢である。

　ゆえに、保育士や他の職員は自分のみを守ってしまい、責任転嫁が常態化している。

③　私は、施設の中の一人であり、責任ある者の一人である。

　基本的にみんなの力を借りていくのではなく、みんなの考えで一緒に歩もうというタイプである。「職員と利用児・者の協力、理解がなかったら、生活を基盤としている施設は存在しない。職員と利用者の一人ひとりには何らかの役割があり責任がある。ゆえに、相互に打ち解け合い協力しあい、一つのまとまった施設を、私を含めてみんなで一緒につくろう」という姿勢で運営する。

　もちろん、ここにはチームワークが生まれるし、保育士や他の職員に子どもたちの「権利擁護」意識も十分に育つであろう。

(2)　大切な権利擁護の意識

　実は、前項の施設長の3つのタイプは、今から約45年前に刊行された論文[2]を参考にしている。それが、現在においても多少なりとも当てはまっているのではないだろうか。

　社会福祉の概念は、慈善・救護事業（明治中期以前）、救貧事業（明治後期から大正初期）、社会事業（大正中期から昭和中期）、厚生福利事業（昭和中期から終戦）、社会福祉事業（終戦後）へと移り変わっている。

そして、2000（平成12）年6月に「社会福祉事業法」が「社会福祉法」になり、新しい理念構築が確認され、これに伴う「児童養護施設サービス自主評価基準」においては、「子どもの権利擁護」が最重要視されている。

　しかし、現実にはいまだ①、②のタイプで、なおかつ社会事業や厚生福利事業のスタイルで運営・経営している施設長は少なくない。大学、短大、専門学校等で社会福祉学を学んだ学生が、施設現場に実習や就職した際、首をかしげるのはこのためである。

　そして、①、②タイプの運営・経営が続くと、時に新聞報道にみられたような児童養護施設での体罰事件など、施設で生活をしている児童の権利擁護を踏みにじるような事件が次々と起こるのである。

　21世紀に入り、時代は大きく変化している。児童養護施設の施設長は、開かれた施設運営をめざし、自分の施設長スタイルをみつめ直す必要がある。

　最後に、施設長は運営・経営者以前に一職員であることを忘れないでほしい。そして、施設長が子どもたちの最善の利益のため「権利擁護」者としての意識をもち、率先してこのことを推進すれば、すばらしい施設運営になるであろうし、保育士と子どもの関係もすばらしいものになるであろう。

〈引用文献〉
　1）伊達悦子・辰己隆編『保育士をめざす人の養護原理』みらい　2003年
　2）中垣昌美「施設の中の人間関係」大阪府社会福祉協議会近代化研究会編『近代化研究24』大阪府社会福祉協議会　1970年を参考にした。

〈参考文献〉
　全国保育士養成協議会現代保育研究所編『平成14年度　評価調査者養成研修要項』全国保育士養成協議会　2002年
　「新・社会福祉学習双書」編集委員会編『新・社会福祉学習双書　社会福祉　施設運営論』全国社会福祉協議会　1999年
　児童養護研究会編『養護施設と子どもたち』朱鷺書房　1994年
　「福祉職員生涯研修」推進委員会編『改訂　福祉職員研修テキスト　管理編』全国社会福祉協議会　2002年
　全国社会福祉協議会中央福祉人材センター編『従事者研修のすすめ』全国社会福祉協議会　1995年
　高橋重宏・山縣文治・才村純編『子ども家庭福祉とソーシャルワーク』有斐閣　2002年
　神戸賢次・喜多一憲編『三訂　新選・児童養護の原理と内容』みらい　2010年
　伊達悦子・辰己隆編『四訂保育士をめざす人の養護原理（一部改訂）』みらい　2010年
　保育福祉小六法編集委員会編『保育福祉小六法』みらい　2017年

第**9**章

◆ ◆ ◆　児童福祉施設における保育士の資質と倫理　◆ ◆ ◆

キーポイント

　戦後の児童福祉施策は、貧困、親の死亡などで保護を必要とする子どもを「児童福祉法」によって児童福祉施設に入所させ、保護し、養育をするといった「要保護児童対策」が中心であった。近年、社会の変化とともに子どもへの福祉をとりまく状態も大きく変化し、不登校やひきこもり児、被虐待児など社会的支援を必要とする子どもの状態も複雑化・多様化している。したがって、子どもを施設に入所させ保護し養育をするだけでなく、人の尊厳に基づき子どもが子どもらしく生活し、個性豊かに成長し、社会人となっていくことを支援することが求められる。

　児童福祉施設の保育士においても高い資質・倫理が求められているが、一方で、複雑なこころの問題を抱えた子どもと向き合うことは容易ではなく、保育士自身も悩みを抱え、時にはバーンアウト（燃えつき症候群）してしまいそうになる。そこで、ここではバーンアウトの予防などについても学びたい。

1　福祉施設のイメージと理解

1．福祉施設のイメージ

　社会では、福祉施設をどのようなイメージでとらえているだろうか。地域や年齢等によっても異なるだろうが、1990年代に学生から聞き取った施設のイメージには、つぎのようなものがあった。

①　「規則、集団というイメージがまず第一に思い浮かびます。また、知識が少ないせいかあまりよい印象がない」（女子学生20歳）。

②　「街の中心から離れた所にあり、コンクリートの塀で囲まれ、外部とはそれによって隔離されているような雰囲気をもつ冷たく暗い感じ」（女子学生21歳）。

これらは、施設を漠然としたイメージでとらえ、明確化されているとはい

えない[1]。

　30年以上が経過した現在、一部の福祉施設の所在していたところは、自然と文化が調和した福祉のまちづくりなどが進み、施設の周辺が整備されて街の中心になったり、そこにある文化施設やスポーツ施設はバリアフリー化され、障害などがある人でも気軽に利用できるようになった。一方では、いまだに人里離れたところで、地域との交流もなく運営されている施設もある。したがって現状では、身近に"知っている"施設によってそのイメージは大きくかわるであろう。

2．児童福祉施設で働くということ

　では、私たちは、社会福祉施設をどのように理解したらよいだろうか。一般的には、「社会福祉施設とは、社会福祉の建物（設備を含む）で使用可能の状態にあるもの。その場所で処遇、保護などのサービスが計画的に行われている組織（建物・設備・職員の種類と数・管理者・理事機関）が福祉目的達成のために調整された総合体である。広義には、このほかに福祉事務所・児童相談所・心配ごと相談所など相談指導を主とする現業機関を含む概念で、現業機関・施設とでも呼称すべき包括的な事業体などの意味に用いられている」[2]。

　これは、確かに福祉施設を端的に表している。しかし、今や施設は利用者のみならず、地域の社会資源として地域住民にも開放され、その専門性を発揮し、支援するところでもあり、その職員には、対人援助職としての高い専門性と職業倫理が要求される。

　つまり、児童福祉施設で保育士として働くということは、対人援助の知識と技術とをもって、利用者の最善の利益のために働くということであり、それには、人権意識や社会正義に基づく冷静な判断力、利用者を受容するこころの広さや自己のこころをコントロールする自己統制力などが求められるのである。

2　支援者としての自分の資質を知る

1．支援者の資質

　保育士が児童福祉施設の専門職として支援活動を展開していくときに、ど

のように子どもたちとかかわっていけばよいのであろうか。

　新しく入所してくる子どもであれば、施設の生活に早くなじみ、その子らしく自立していくことを目標に、児童相談所の資料に基づいて問題の本質を判断し、対人援助の知識や技術を駆使して、その子と家庭に応じた支援計画を立案し展開していこうと考えるだろう。

　では、実際に支援をするにあたって、対人援助の知識や技術をマニュアルとして承知しているだけで十分であろうか。そうは考えられない。支援は、対人援助の知識や技術を用いる保育士である支援者と、利用者であり、入所してくる子ども（家庭）の双方が相互に働きかける関係で存在し展開する。このとき、施設でまず子どもを受けとめるのは保育士である。

　保育士は、子どもをよく知ると同時に、保育士である自分自身をよく知ること、すなわち、自分の資質を理解した上で、その場面に適した知識や技術をツール（道具）として用いて対人援助を実践していくことが求められる。

2．自分の資質を知る

　資質を充実させていくものとして、①自分の支援者としての位置づけを知ること、②保育士である前にひとりの人間としての心理的な自分自身の姿、態度、反応や行動の様式などを知り、直視して常に評価し、今の自分が陥りやすい専門的対人援助関係の間違い、または、引き起こされやすい影響の修正ができるよう自己理解を深めておくことが必要となる。

　自分の資質の許容量を知っておくことは、専門的対人援助関係を良好なものに導くことになる。ここで、自己理解を深めるための具体的な項目を示したのが表9－1である[3]。これに施設実習などで体験したことを当てはめ、p.159の演習課題の表に記述し、そこから専門的対人援助としての自己の資質を知り、高めていただきたい。

3．自己理解

　自己理解は、専門的対人援助を行う職種に共通に求められる資質であり、自己覚知とも呼ばれている。支援者が専門的対人援助関係のなかに自己の価値観や偏見、先入観的態度を持ち込んだり、自分の感情で関係を律しようとすると、支援関係は混乱し、利用者の姿を正しく理解できないため、問題解決の困難を招くことになる。

　表9－1の「自己理解を深める演習課題の項目」に記載した項目は、保育

士が利用者から信頼が得られるように、自分自身の経験を基に対人援助職としての資質を理解し、良好な関係をつくるための基本的内容を示したものである[4]。

表9-1 自己理解を深める演習課題の項目

① 保育士である支援者としての位置づけの理解
A 子どもと並列関係にあるかどうか 　1. 子どもと保育士が同じ人間であることを認識した体験内容 　2. 子どもも保育士も一人ひとりが独立した人格の持ち主であることを認識し理解した体験内容 　3. 子どもも保育士も一人ひとりが感じ方や行動に特徴があることを認識し理解した体験内容 　4. 問題解決を子どもの志向に沿って協力して導いたことを認識し理解した体験内容
B 権威を備えた支援者としての理解 　5. 保育士の権威が子どもや保護者の拠り所になっていることを認識し理解した体験内容 　6. 保育士の権威を子どもや保護者にどのように感じられているかを認識し分析して援助に活用した体験内容
C 一過性の理解 　7. 保育士の専門的対人援助関係は目的が達成された時に終わることを認識し理解した体験内容
② 保育士が1人の人間としての心理的な面の自己理解
A 自分の気持ちと整理の方法 　8. 自分自身の姿 　　　　　　態　度 　　　　　　反　応 　　　　　　行動等様式などについて 　9. 自分が気持ちを整理する時の傾向を直視し評価し活用した体験内容
B 自分がとりやすい人間関係 　10. 自分の支援関係における人間関係のとりかたを認識し理解して活用した体験内容
C 社会的存在としての自分 　11. 今の自分の社会的な言動や価値観が専門的対人援助関係に影響を及ぼしている体験内容
D 子どもの権利を感じとる 　12. 自分を大切にすることから子どもの権利を感じとることの体験内容
③ 発達途上にある自分の理解
13. 対人援助にかかわり自分の成長を実感した体験内容

(1)　保育士である支援者としての位置づけの理解

・A　子どもと並列関係にあるかどうか

　保育士は支援者として子どもとともに人間としての尊厳を尊重し合える並列関係にあることの認識であり、支援関係の基盤となるものである。

・B　権威を備えた支援者としての理解

　子ども、保護者、同僚などに、どのように理解されて支援関係を形づくっているだろうか、マイナスに映る権威、あるいは安心させているプラスの権威などが自己の支援関係にどのような影響を与えているのかを認識する項目である。

・C　一過性の理解

　専門的対人援助関係は、必要とされる間だけの関係であることの理解である。支援者の目的は、子どもの問題が解決し外に向かって歩み出したときに、終わりを迎えることを認識しておかなければならない。つまり、子どもの自立を促す性格をもっている。

(2)　保育士が一人の人間としての心理的な面の自己理解

　この項目は、保育士個人の心理的な面の自己理解の必要性についてである。

・A　自分の気持ちと整理の方法

　保育士は支援者として、利用者から心理的な影響を受ける存在である。つまり、対人援助においては、自分自身をその場でコントロールしなければならない。

　子どもが感情をむきだしにしてきたとき、同じように感情的に対応すれば支援関係が成り立たなくなる。たとえば、児童指導員のAさんは、どうしてもその場で感情が抑えられないとき、持ち場を離れてコーヒーを一杯飲んで「ああ落ち着いた」と持ち場にもどる。支援関係を壊さない自分なりの「気持ちの整理の仕方」を知っているのである。

・B　自分がとりやすい人間関係

　保育士は、さまざまな子どもに出会い、意図的に支援関係を結んでいかなければならない。そこで、自分が認められる人の人柄や価値を知り、自分が結べる人間関係の範囲を知ることが、そこを起点として良好な対人援助関係を広げていくことになる。

・C　社会的存在としての自分

　人は育ち方や環境の違いで価値観も大きく違ってくる。対人援助関係においても保育士が子どもに対して自己の価値観で裁いてしまうことがある。すると子どもは他の支援も受け入れなくなって、改善に多くの能力を使うこと

になる。自分の価値観はどのようにして形成され、言動はどのような影響を及ぼすのかを認識することは、自分の価値観で他人を測らない関係を育てることになる。

・D　子どもの権利を感じとる

　保育士は、子どもの権利を擁護するために支援を行っていながら、権利を感じとることはなかなかむずかしい。保育士といえども社会的存在であり、自己実現を求めることも当然ありうる。しかし、この欲求を満たすことだけを目的にしたときには、子どもの権利を感じとることはなかなかできない。支援者としての自分を理解し大切にしたときに、子どもの権利を感じられるようになる。

(3)　発達途上にある自分の理解

　保育士に限らず、児童福祉施設の従事者は、対人援助に携わることによって多くの人にかかわり、多様な価値観をもった人に出会う。その度に未知の世界を知り、さまざまな価値観にふれることによって社会性が広くなった実感をもつだろう。

　これを知ることは、対人援助者として発達途上にある自分を知ることになる。支援を必要としている人に会いながら、自分もともに成長していることを理解することが、さらなる成長の後押しをすることになる。

4．演習「20答法テスト（「Who am I」)」

　「20答法テスト」とは、1954年、アイオワ州立大学のクーンとマックバーランドによって自己態度、ないしは自己像に迫るひとつのアプローチとして創始されたものである。記述された内容を手がかりに自己の性格、感情、防衛や価値観をみつめて専門的対人援助者としての自己を理解し、資質を高めるために活用することができる[3][4]。

　自己を理解するとは、自己の長所も短所も、美しいところも醜いところも、肯定的感情も否定的感情も、すべてありのままに受け入れる自己受容から出発するものである。保育士が子どもの支援者となるためには、自己受容から出発し、子どもを受容できたときから支援者として支援の知識、技術が有効になってくるものである（演習課題は次頁）。

●**演習課題**　自分を知るテスト―20答法テスト「Who am I」

① 　これは「20答法」という自分自身を知るための心理テストです。下記の「私は」に続く文章を頭に浮かんだ順に20個書き出してください。（制限時間5分）

1. 私は　　　　　　　　　　　　　　　　　　　　　　　　　　　　　　　（　　　）
2. 私は　　　　　　　　　　　　　　　　　　　　　　　　　　　　　　　（　　　）
3. 私は　　　　　　　　　　　　　　　　　　　　　　　　　　　　　　　（　　　）
4. 私は　　　　　　　　　　　　　　　　　　　　　　　　　　　　　　　（　　　）
5. 私は　　　　　　　　　　　　　　　　　　　　　　　　　　　　　　　（　　　）
6. 私は　　　　　　　　　　　　　　　　　　　　　　　　　　　　　　　（　　　）
7. 私は　　　　　　　　　　　　　　　　　　　　　　　　　　　　　　　（　　　）
8. 私は　　　　　　　　　　　　　　　　　　　　　　　　　　　　　　　（　　　）
9. 私は　　　　　　　　　　　　　　　　　　　　　　　　　　　　　　　（　　　）
10. 私は　　　　　　　　　　　　　　　　　　　　　　　　　　　　　　（　　　）
11. 私は　　　　　　　　　　　　　　　　　　　　　　　　　　　　　　（　　　）
12. 私は　　　　　　　　　　　　　　　　　　　　　　　　　　　　　　（　　　）
13. 私は　　　　　　　　　　　　　　　　　　　　　　　　　　　　　　（　　　）
14. 私は　　　　　　　　　　　　　　　　　　　　　　　　　　　　　　（　　　）
15. 私は　　　　　　　　　　　　　　　　　　　　　　　　　　　　　　（　　　）
16. 私は　　　　　　　　　　　　　　　　　　　　　　　　　　　　　　（　　　）
17. 私は　　　　　　　　　　　　　　　　　　　　　　　　　　　　　　（　　　）
18. 私は　　　　　　　　　　　　　　　　　　　　　　　　　　　　　　（　　　）
19. 私は　　　　　　　　　　　　　　　　　　　　　　　　　　　　　　（　　　）
20. 私は　　　　　　　　　　　　　　　　　　　　　　　　　　　　　　（　　　）

② 　次に、書いた文章を下記の4つに分類して、文章の後の（　　）に入れてください。
　「自分に客観的な内容」→　A
　「自分に肯定的な内容」→　B
　「自分に否定的な内容」→　C
　「自分に肯定的でも否定的でもない内容」→D

③ 　A～Dは、それぞれ次のような傾向を示しています。どの傾向が強いのか、自分なりに分析してみましょう。
　A　中性感情：冷静で、感情的になりたくない傾向
　B　肯定感情：自己評価が高く、物事に前向きな傾向
　C　否定感情：自己評価が低く、劣等感をもちやすい傾向
　D　両価感情：優柔不断で、迷いやすい傾向

※「私は」をいろいろ置き換えて行ってみるのもよいでしょう。
例）「実習生の私は」「子どもを見ると私は」…

3　児童福祉施設における保育士の倫理

1．児童福祉施設の従事者と保育士

　児童福祉施設で支援にかかわる専門職は、保育士をはじめ児童指導員、医師、看護師、理学療法士、作業療法士、心理療法担当職員、教師、職業指導員、言語訓練担当職員、聴能訓練担当職員、児童自立支援専門員、児童生活支援員などの職種がある。これらはいずれも施設を利用する子どもの生活にかかわる専門職種である。そこでは、施設に入所・利用している子どもの最善の利益を確保し、自己実現に向けた支援を展開していくために、専門性と倫理に裏づけられた資質と協調体制が不可欠になっている。

　保育士について児童福祉法は、「専門的知識及び技術をもつて、児童の保育及び児童の保護者に対する保育に関する指導を行うこと」（第18条の４）とし、児童福祉施設で支援を確かなものにしていくために、資質を常に高める努力を要請している。

2．児童福祉施設における専門職の倫理

(1)　倫理は専門職としての土台である

　保育士は、児童福祉法による国家資格を有する子ども家庭福祉の専門職である。

　保育士は、施設で子どもの保育とともに、保護者の指導も同時に行うことで、効果的な支援ができる特質がある。そこでは、ソーシャルワーカーとしてケースワーク（個別援助技術）、グループワーク（集団援助技術）、コミュニティワーク（地域援助技術）等の援助技術を活用した保育が期待されている。

　専門職の特質としてグリーンウッドは、５つの特質を規定している。そのなかでも特質のひとつとして自らの行動を自ら規制する「規制的な倫理要項」をもった集団であることを提示している。福祉にかかわるソーシャルワーカーの「福祉倫理」（福祉観、人権の尊重、自立・自己実現の援助などの視座、守秘義務等ソーシャルワーカーとして必要な価値観）は、専門性の構造的な面からとらえると、基盤として第一層に位置し、積み上げられる第二層の「専門知識」（歴史、理論、知識、社会福祉制度、隣接科学に関する知識など）、第三層の「専門技術」（社会福祉固有の援助方法・技術）を支える三

図9-1 専門性の構成要素

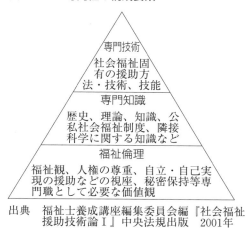

専門技術
社会福祉固有の援助方法・技術、技能

専門知識
歴史、理論、知識、公私社会福祉制度、隣接科学に関する知識など

福祉倫理
福祉観、人権の尊重、自立・自己実現の援助などの視座、秘密保持等専門職として必要な価値観

出典 福祉士養成講座編集委員会編 『社会福祉援助技術論Ⅰ』中央法規出版 2001年 p.39

層構造の土台的役割を果たしている（図9-1）。

　見方を変えれば、資格を外なる（見える）基準と考えれば、倫理は内なる基準であり、人間観、福祉観などの価値観にかかわるものである。保育士と対象者である子どもの関係でいえば、自立・自己実現の援助者と依存者の関係になる。障害が重くなればなるほど、依存度は高くなる。それだけに保育士の人権の尊重や生命等に関する理解や愛情などの倫理観が強く求められ、これを厳しく自己規定したものが倫理綱領である。

(2) 倫理綱領とは

　具体的な倫理綱領には、福祉専門職の団体である「日本ソーシャルワーカー協会」が1986（昭和61）年に宣言した倫理綱領がある。これは、「㈳日本社会福祉士会」が1995（平成7）年にこの綱領を倫理綱領として採択している。また、「全国保育士会」は、2003（平成15）年に倫理綱領を宣言している。

　日本ソーシャルワーカー協会の倫理綱領（2005（平成17）年1月最終案として提言）は、前文で「われわれは平和を擁護し、人権と社会正義の原理に則り、サービス利用者本位の質の高い福祉サービスの開発と提供に努めることによって、社会福祉の推進とサービス利用者の自己実現をめざす専門職であることを言明する」としている。さらに「われわれは、ソーシャルワークの知識、技術の専門性と倫理性の維持、向上が専門職の職責であるだけでなく、サービス利用者は勿論、社会全体の利益に密接に関連していることを認識し、本綱領を制定してこれを遵守することを誓約する者により、専門職団体を組織する」とし、表9-2のように「価値と原則」を定めている。

表9－2　ソーシャルワーカーの倫理綱領「価値と原則」

Ⅰ　（人間の尊厳）
　ソーシャルワーカーは、すべての人間を、出自、人種、性別、年齢、身体的精神
的状況、宗教的文化的背景、社会的地位、経済状況等の違いにかかわらず、かけが
えのない存在として尊重する。
Ⅱ　（社会正義）
　ソーシャルワーカーは、差別、貧困、抑圧、排除、暴力、環境破壊などの無い、
自由、平等、共生に基づく社会正義の実現をめざす。
Ⅲ　（貢　献）
　ソーシャルワーカーは、人間の尊厳の尊重と社会正義の実現に貢献する。
Ⅳ　（誠　実）
　ソーシャルワーカーは、本倫理綱領に対して常に誠実である。
Ⅴ　（専門的力量）
　ソーシャルワーカーは、専門的力量を発揮し、その専門性を高める。

表9－3　全国保育士会倫理綱領の
　　　　構成

1.子どもの最善の利益の尊重
2.子どもの発達保障
3.保護者との協力
4.プライバシーの保護
5.チームワークと自己評価
6.利用者の代弁
7.地域の子育て支援
8.専門職としての責務

　全国保育士会は、2003（平成15）年2月に全国保育士会倫理綱領を宣言し
た。この倫理綱領では、前文で「私たちは、子どもが現在（いま）幸せに生
活し、未来（あす）を生きる力を育てる保育の仕事に誇りと責任をもって、
自らの人間性と専門性の向上に努め、一人ひとりの子どもを心から尊重し、
次のことを行います。私たちは、子どもの育ちを支えます。私たちは、保護
者の子育てを支えます。私たちは、子どもと子育てにやさしい社会をつくり
ます」とし、表9－3のように構成されている。
　こうした倫理綱領は、職能団体だけにあるものではなく、施設単位で「職
員規範」や「行動規定」などと呼ばれる倫理綱領がある。これは、施設の職
員全員でよりよいサービスを提供するために定めるものであり、施設運営の
理念を具体化するものでもある。ここでは、ある障害児入所施設（主として
知的障害のある子どもが入所）の「倫理・行動規定」を紹介したい（表9－
4）。

表9－4　Ａ学園職員倫理・行動規定

＜前提として＞
①学園の子どもたちも日本国憲法で規定された基本的人権を有している。
②一人ひとり、１回きりの人生をおくる尊い生命を持つ存在である。
③学園の主体者は子どもたちであり、学園は子どもたちの福祉を実践するところである。
④学園は、教育、訓練の場であると同時に家庭に代わる生活の場でもある。
⑤これら（当たり前）のことを前提にして、私たち職員は、障害児教育にかかわる自分たちの職務を常に点検する必要がある。

＜指導方針＞
①一人ひとりの中に潜んでいる可能性を最大限にまで引き出し、伸ばしていくよう指導し、小さな進歩にも大きな価値を見いだす。
②一人ひとりの人格を認め、子どもの気持ちを大切にすることにより信頼関係を作り上げていく。また、指導者として常に子どもの健康・安全に留意する。
③一人ひとりが安心して、落ち着いた生活ができるように、温かい雰囲気と環境の整備に努める。
④一人ひとりが社会的集団生活の中で学び成長し、個人の自主性（自律性）を大切にする。
⑤一人ひとりの発達を促すような、さまざまな体験をさせることにより、社会のしくみを理解させ生活の範囲を広めていく。
⑥指導者は一貫した態度で指導にあたり、チームワークを組んで相互協力する。

＜職員としての姿勢＞　（行動の基準となるもの）
（1）　入所児との関わり方
①あるがままの子どもたちを肯定し、指導者、援助者であるとともに、子どもたちのよき理解者、共に生きるものとしての視点を持つ。
②職員として、プロとして、まずは自分の感情をコントロールできる力を付けることは大事であり、自らの人間形成に努力する。
③一人ひとりの子どもを尊重する。「くん・さん」を付けることもその一つのあらわれである（愛称は上記に照らして考慮するものであり、子どもの望む呼ばれ方で呼ばれることもあり得る）。
④子どもとの日常的な関係に留意し、子どもの言動の底にある訴えに耳を傾ける。
⑤体罰が相手の人間性をふみにじることにつながるということに留意し、体罰をしない、させない環境づくりをしていく。
⑥誉めること（正しい評価）、長所を伸ばす中で子どもたちの成長を促す（どの子にもすばらしい長所がある。それを探し出し、見つけること）。
⑦施設のなかでは、職員が手本・鏡である。自らの言動には充分注意する。
（2）　プライバシーへの配慮
①子どもたちと同じひとりの人間としての視点から、生活や環境などについて考えていくことが大切である。入所している子どもたちの立場に立って考えることにより、今何が必要かを見いだす努力をする。
②どのようなことがプライバシーを侵害し、人権を侵しているか、自らに当てはめて考え、また、今の現状の中で、どこが問題で、どこが改善可能かを常に点検していくことが必要である。
（3）　自己決定と意思の尊重
①子どもたちの自己決定を尊重できる体制と自己決定できる力を小さいうちから育てることが大切である。
②選択の機会を多く与える。そのための環境や条件整備をしていく。
③機会あるたびに子どもたちの意見や主張を聞き、あるいは引き出し、学園の体制の中で今できること、できないことを明らかにしながら、子どもたちの意見をできる限り取りいれていく姿勢を持つ。
④あらかじめ、選択や意思を主張できるような内容や説明を用意する。

(3) 倫理綱領を理解する

　児童福祉施設で人道上の痛ましい問題がメディアの対象になるときがある。この問題を予防するためには、福祉の倫理綱領を真摯に受け止め、遵守する専門職としての態度が強く求められる。こころのケアを必要としている子どもや被虐待児等が急増している時代を迎えて、児童福祉施設の保育士の職域はケースワーク、グループワーク、コミュニティワーク等の領域で拡大していくものと考えられる。そこで、先に紹介した「日本ソーシャルワーカー協会」の倫理綱領などの十分な理解から出発したい。

●考えてみよう！

　ここで、倫理綱領を理解する演習課題として次の4項目をあげるので、それぞれ保育士の立場に立って考えてみましょう。

① 人間としての平等と尊厳

　児童福祉施設の保育士は、目の前の子どもが、生活、出生、性別、年齢、健康、国籍など、どんな状態の子どもであっても、かけがえのない人間として、平等と尊厳を尊ぶことについて考えてみましょう。

② 子どもの自己実現の支援

　障害があろうとなかろうと、どんな状態の子どもであっても、子どもがどのようにして、自分の可能性を最大限に実現できるかを子どもとともに考え実現していくことについて考えてみましょう。

③ 子どもの権利擁護

　子どものなかには、障害があったり、あるいは子どもであるがゆえに権利を主張できなかったり、実現できない子どもが多くいます。そこで発達期にある子どもの権利を保育士が代弁していく意味や場面について考えてみましょう。

④ 自立生活の支援

　自立生活の支援は、その子どもがもっている力を引き出すことです。障害があっても、残存する力を引き出し、やがて可能な限り自立した生活を営めるよう支援すること、また、家庭の自立を支援し、子どもが早期に家庭に復帰できる支援について考えてみましょう。

4　バーンアウトを防ぐために

1．バーンアウトとは

　バーンアウトとは、「バーンアウト・シンドローム」（burn-out syndrome）と呼ばれ「燃えつき症候群」などと邦訳されて、職場第一人間に警鐘を鳴らした症候群である。具体的には、「何かひとつのことをやり遂げることに対して、自己のエネルギーの大半を注いで取り組み、それにやりがいを感じて没頭してきた人が、あたかも自己を燃焼し尽くしたかのように、突然それまでの情熱や意欲を失い、無気力となって、それに取り組むことができなくなってしまう状態」としている。

　達成意欲が旺盛で、積極的なタイプの人に多い。これは全力を投入している物事に、自己を過剰に一体化することによって、それ以外のことに関心を向ける余裕がなくなり、心のゆとりを失って、自己を喪失することから生ずると理解されている[5]。ヒューマンサービスに従事している者や忙しさに追い立てられて生活している人々に、広くみることができるともいわれている。

　福祉現場においても、過剰に対象者に期待し支援を行い、しかし、何らかの問題解決に至らなかったり、逆に事態が悪化したときに無力感に襲われ、バーンアウトすることはよくある。

2．バーンアウトを予防する

(1)　個人の視点として

　個人としてバーンアウトを予防するには、児童福祉の仕事や職場の特性を理解し、時々、自分を客観的に振り返ることである。

　①　児童福祉施設の理解

　児童福祉施設では、保育士という職にある人間が、子どもという人間を中心に保育にかかわる仕事をしている職場という、客観的な認識をもつこと。つまり、人と人との関係は、不測の出来事や思い通り、期待通りにはいかないことが多いということをあらかじめ認識すること。

　②　児童福祉施設の組織や構造的特性の理解

　児童福祉施設の目的と組織や構造的特性の理解に努め、自己の位置づけの認識と、仕事はチームワーク（他の職員、他の専門職の協働）で展開されて

いくことを意識し、自分ひとりで悩みや不安を抱えず、計画的なスーパービジョンの実施を依頼する。

③　個体的特性

自己評価等によって自己の性格や特徴を自覚し、健康と仕事の自己管理に努める。また、ときには、対象者や職場から一歩引いて冷静になる時間をつくるようにするとよい。プライベートでの気分転換も大切である。

なお、次のようなことが感じられるようになったら、休養を申し出ることがよいとされている。

・心身ともに疲れ果てたという感覚をしばしば体験する。

・人間関係が面倒で人ごとを避けるようになった。

・仕事へのやりがいの低下が著しくなった。

(2)　施設の視点として

職場での心身の健康管理のための総合的方策として、従事者の健康保持増進、能率の向上、疾病の予防および治療、作業環境の整備・適正化、安全確保などを主な内容とした「労働安全衛生法」に基づく安全衛生管理組織の設置が規定されている。

これは、従事者50人以上の職場は義務設置、それ以下は任意の設置とされているが、設置が望ましいと指導されている。これらの内容は、衛生安全管理者・産業保健師が産業医の指導と助言を受け実施にあたっている。

健康管理は、定期健康診断が中心となっているが、バーンアウト・シンドロームを含む精神保健相談も増えている。ただし、精神保健相談は、本人自身も意識していない場合や、がんばることで回復の自己努力をしている人もいて、状態が顕著になってから発見される場合が多い。

児童福祉施設は、高い専門性が要求されるだけに、仕事の充実感を実感できる職場である。それだけに複雑な問題もあり、解決の糸口もみつからないことがあり、ストレスをためやすい。また、入所施設においては、不規則な勤務態勢や少ない人数で多くの子どもを担当することから、いろいろな仕事をしなければならず、精神的にも体力的にも負担は大きい。

したがって、発生した精神保健上の問題は個人の問題だけに起因するものではない。管理者も従事者も相互が、個人のこころの問題だけにとらわれず、その環境も作用してバーンアウトが生み出されるものと認識していく必要があり、精神保健上の相談をオープンにできる環境づくりからはじめ、そこからバーンアウトは予防されていくものである。

〈引用文献〉
1）米山岳廣『生活・人間・福祉─社会福祉を学ぶ─』文化書房博文社　1997年
　　p.35
2）重田信一他編『社会福祉辞典』誠心書房　1974年　p.129
3）平岡蕃他『対人援助─ソーシャルワークの基礎と演習─』ミネルヴァ書房　1996
　　年　pp.32〜45に加筆
4）米山岳廣「演習4」『社会福祉の援助技術』文化書房博文社　1990年　pp.147〜
　　157
5）国分康孝編『カウンセリング辞典』誠信書房　1990年　p.52

新版 保育士をめざす人の社会的養護Ⅱ

2020年2月20日　初版第1刷発行
2022年9月20日　初版第3刷発行

編　　者　　辰 己　　　隆・岡 本 眞 幸
発 行 者　　竹 鼻 均 之
発 行 所　　株式会社みらい
　　　　　　〒500-8137　岐阜市東興町40 第5澤田ビル
　　　　　　電 話　058-247-1227㈹
　　　　　　https：//www.mirai-inc.jp/
印刷・製本　サンメッセ株式会社

ISBN978-4-86015-494-3　C3036
Printed in Japan　　　　乱丁本・落丁本はお取り替え致します。